VINCENT

# 燃烧的灵魂

VINCENT VAN GOGH

蒋勋谈梵高

蒋勋——著

北京联合出版公司

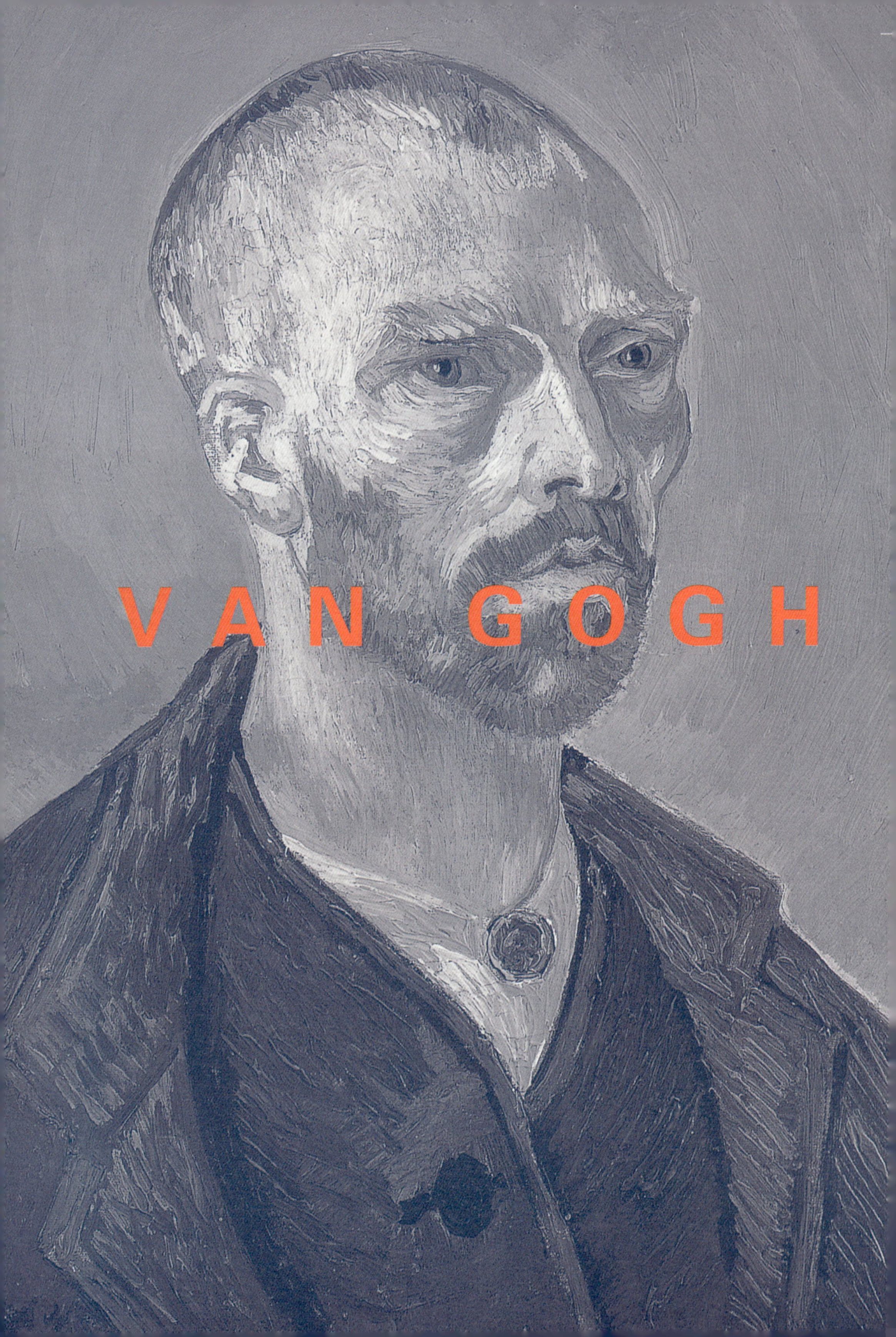
VAN GOGH

目录 CONTENTS

目录 CONTENTS

第三部

# 梵高

VAN

GOGH

作者序

# 受苦与救赎

大概还记得，中学时代，读到余光中先生译的《梵高传》，心中激荡的情绪。

那时没有看到梵高的原作，复制的画作也多是黑白，印刷模糊，但还是很震撼。

读到史东写道：梵高在煤矿区为工人布道，在矿灾惨剧之后，梵高回到家，把自己仅有的衣物一份一份分好，全部舍给最需要的受难者，我仍那么清晰记得，十几岁的年龄，竟然掩卷难以卒读，热泪盈眶的记忆。

那是梵高，是余光中先生典雅译笔下的梵高，是史东传奇小说笔下的梵高。

那个梵高，陪伴着我通过青涩梦想的年代，梦想一个为人类救赎的心灵，这样燃烧着自己，走进那么孤独纯粹的世界，走进一个世人无法理解的“疯子”的世界，走进绝望，走进死亡。

我不太分得清楚，我认识的是艺术上的梵高，或是生命实质上的梵高。

我分不清楚，是梵高哪一件作品打动了我，还是他整个生命燃烧的形式才是真正的作品。

大学的时候，我没有读美术系，但是整天跟美术系同学混在一起，有时候会央求他们：“让我背一下画架吧！”

我走向了文学、艺术，到了巴黎学习艺术史，那个梵高一直跟着我。

也许我在梦想梵高的某一种生命吧！

在巴黎有许多机会看到梵高的原作，看到他初到巴黎，受点描画派影响的色彩的绚烂，但是，常常仿佛有一个声音在耳边轻声说：那不是技巧！

“那是什么？”

我想问，回头却没有人。

我又去了荷兰，从阿姆斯特丹到库拉·穆勒，梵高早期线条粗重的笔触，勾勒着重劳动下躯体变形的工人或农民，我仿佛听到如牛马一般沉重的喘息声音。

回程经过海牙，想到他邂逅了西恩（Sien）—— 一个拖着几个孩子要养活的过了气的老妓女。他们同居了，梵高负担起了西恩一家老老小小的生活，这个故事一点也不像“恋爱”，难堪、卑微、邋遢可笑的生活。

没有人能理解梵高为什么把生活搞得一团糟！

西恩最后还是走到街头去接客维生，仿佛重重嘲讽了梵高：你要救赎别人？你能救赎自己吗？

梵高的故事是一个“失败者”的故事。

我们要美化梵高吗？

是的，他看到了世界上最美丽的事物，他看到了初春大片大片绽放的杏花，他看到了起伏的山峦与麦浪，他看到了夏夜天空星辰的流转……

但是，那是他“发疯”之后。

他被邻居联名控告，要求警局逮捕强迫治疗。

站在圣·瑞米的精神病房前，我从梵高眺望风景的窗口看出去，我在问我自己：如果当时我也是邻居，我会不会也是联名签署的人之一？

我爱梵高吗？

我了解梵高吗?

我知道梵高存在的意义吗?

但是，我隔壁的邻人剖了耳朵，一脸血迹，我能够接受包容吗?

梵高丢给我们许多问题，在他自杀离开人世后，人们用一百多年的时间试图回答，仍然无法有完满解答。

梵高是精神病患，但是他看到了最纯粹的美的事物。

我们很正常，但是我们看不见。

正常，意味着我们有太多妥协吗?

我们不知道，一再妥协，我们已经流失了真正纯粹的自我。

我们可能在一张《向日葵》前掩面而泣，我们可能在一张《自画像》前惊叫起来，我们可能在一张《星空》之前热泪盈眶。

梵高揭发了所有“正常人”的妥协，他明确宣告: 没有某一种疯狂，看不见美。

但是梵高的美太危险，我们只能面对他的画，不敢面对他真实的生命。

二〇〇七年的五月，我带着一叠稿纸，经由泰国到葡萄牙里斯本、卡斯卡伊斯、辛特拉，到伦敦，再到西班牙，在巴塞罗那，大约两个月，写完这本书。

其实不是“写”，而是“整理”。

梵高的故事、画作，太多储存在脑海里，那些一本一本传记里的细节，那些在他画作现场前的记忆，都留在多年来的笔记本中。

一九七五年七月二十九日，是梵高逝世的那一天，我正在巴黎，H 是画家，提议要去奥维祭拜梵高的墓，她的日本丈夫虽然不学美术，也非常爱梵高，便主动排出时间，亲自开车，做一次向梵高致敬之旅。

很热的夏天，车子从巴黎出发，上了外环道，向北，大约两小时可以到奥维。

奥维是个小镇，上个世纪的七十年代还没有很多观光客，宁静，朴素。

我们到了奥维，因为小镇不大，很快找到了教堂，夏天午后，湛蓝发紫的天空，压迫着教堂塔尖，很像梵高的画。

梵高的墓就在教堂后面，与弟弟提奥的墓并排，青灰色的石板，平贴着草地，上面简单铭刻着——“Vincent Van Gogh 1853—1890”。

空气中有松柏沉重的树木的香味，有远处麦田随风吹来浓郁的麦草气味，有乌鸦飞起来“呱呱”的惊叫。

忽然间，炎热的天空中卷起一阵狂风，我还没弄清楚，一大片石子大的冰雹劈头盖脸击打下来。

我跟 H 一家人赶忙躲进车子，冰雹打在车顶，乒乒乓乓，像是郁怒的孩子在发泄受不了的情绪。

那是三十年前的往事，一次祭奠梵高的奥维之旅。

因为整理这本书，记起了许多往事！

蒋勋

二〇〇七年七月三十日于八里

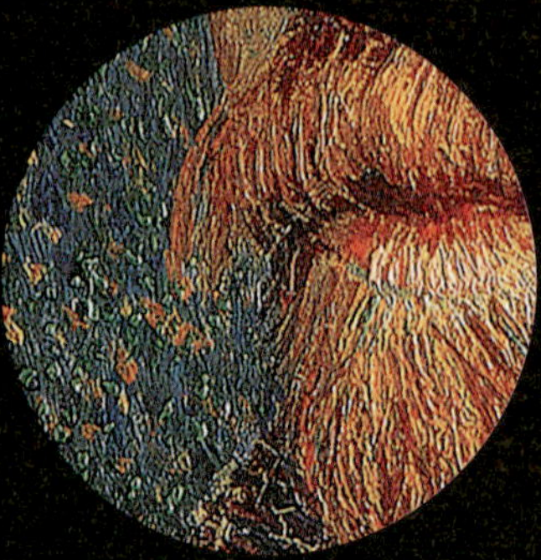

# Puzzles

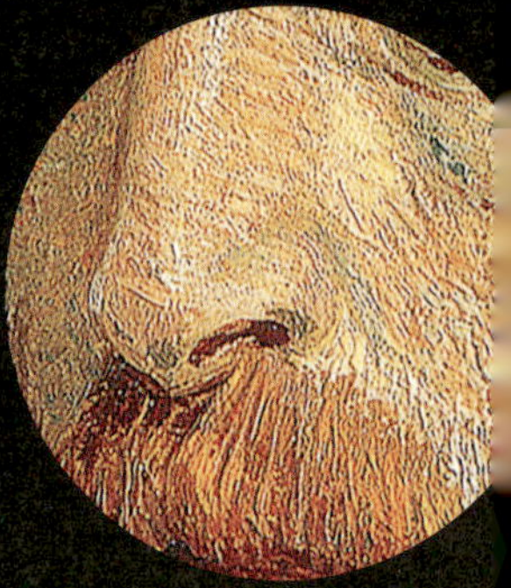

第一部

# 梵高之谜

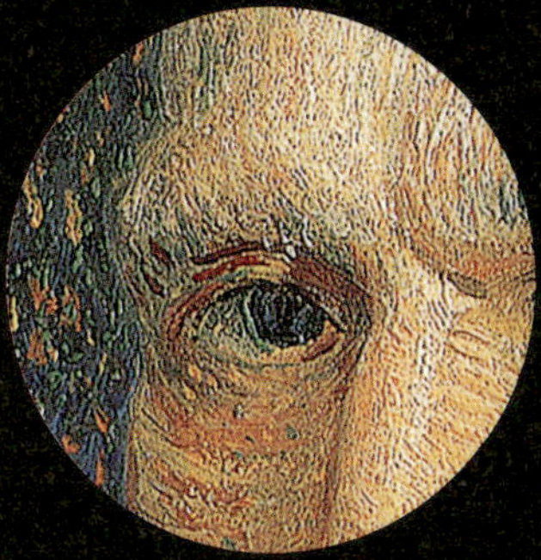

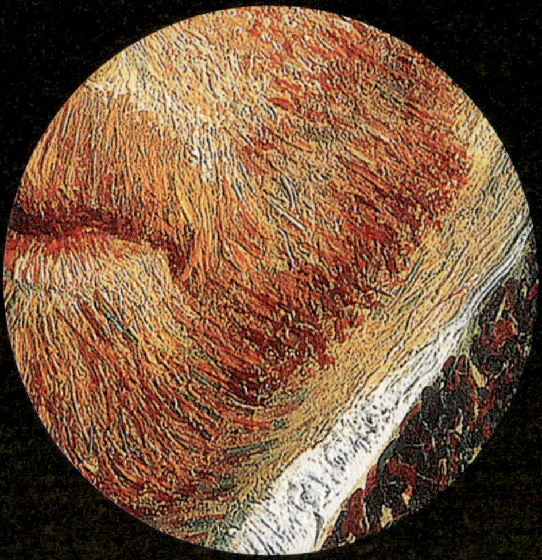

# V A N G O G H

*Van Gogh Rediscovered by Chiang Hsun*

# 1.
# 自画像

生命逼迫梵高在短时间中燃烧自己，

短短两年时间，他集中画了二十几幅自画像，

苦痛、壮烈、扭曲、阴暗、忧伤、顽强，

不同的眼神，冷冷看着自己，凝视自己，询问自己：

“我出了什么毛病？”

戴毡帽的自画像　1886

戴灰毡帽的自画像　1887

自画像　1887

自画像　1887

割耳自画像　1889

你从自画像中看出

**他在对你说什么呢**

戴毡帽的自画像　1888

画架前的自画像　1888

自画像　1887

画像 1886

自画像 1887

自画像 1889

斗自画像 1889

戴草帽的自画像 1887

戴草帽的自画像 1887

调色盘的自画像 1889

献给高更的自画像 1888

割耳自画像 1888

## 2.
## 爱情？救赎？

曾经做过牧师的梵高，背负全世界的指责，

与靠着不断接客来养活一堆孩子的**妓女**同居。
这个女人一点也没唯美，
她饱受饥饿、屈辱、蹂躏，肉体与心灵都憔悴疲惫。

梵高真的爱她吗？还是爱上了他自己**救赎的狂热？**
梵高为她画的这张素描裸像为什么题款为 **sorrow《忧伤》？**

C E N T

# 3.
# 房间的秘密

这张《房间》的作品中许多**“成双”**的布置，

**两张椅子**，墙上**两张人像画**，连床上的枕头都是“成双”的。

这是一种内心世界的显现吗？

**梵高在渴望着什么？**

V A N

# 4. 燃烧的向日葵

一八八八年底视梵高为疯子的人，
和一九八七年以十亿台币高价买梵高一张“向日葵”的人，
都可能没有读懂他画中的心事。

**为什么向日葵像他自己的符咒？**
**为什么这么炽烈灿烂的形式，**
却也是**梵高频临崩溃的生命最后高亢的歌声？**
**你能了解吗？**

G O G H

# 5.
# 安魂曲

一八九〇年春天，在精神病困扰最严重的时刻，

梵高画出了这幅以蓝色天青为背景的《杏花》，

很难想象“疯子”的世界可以这样广阔、庄严、静定，

你知道是什么原因吗？

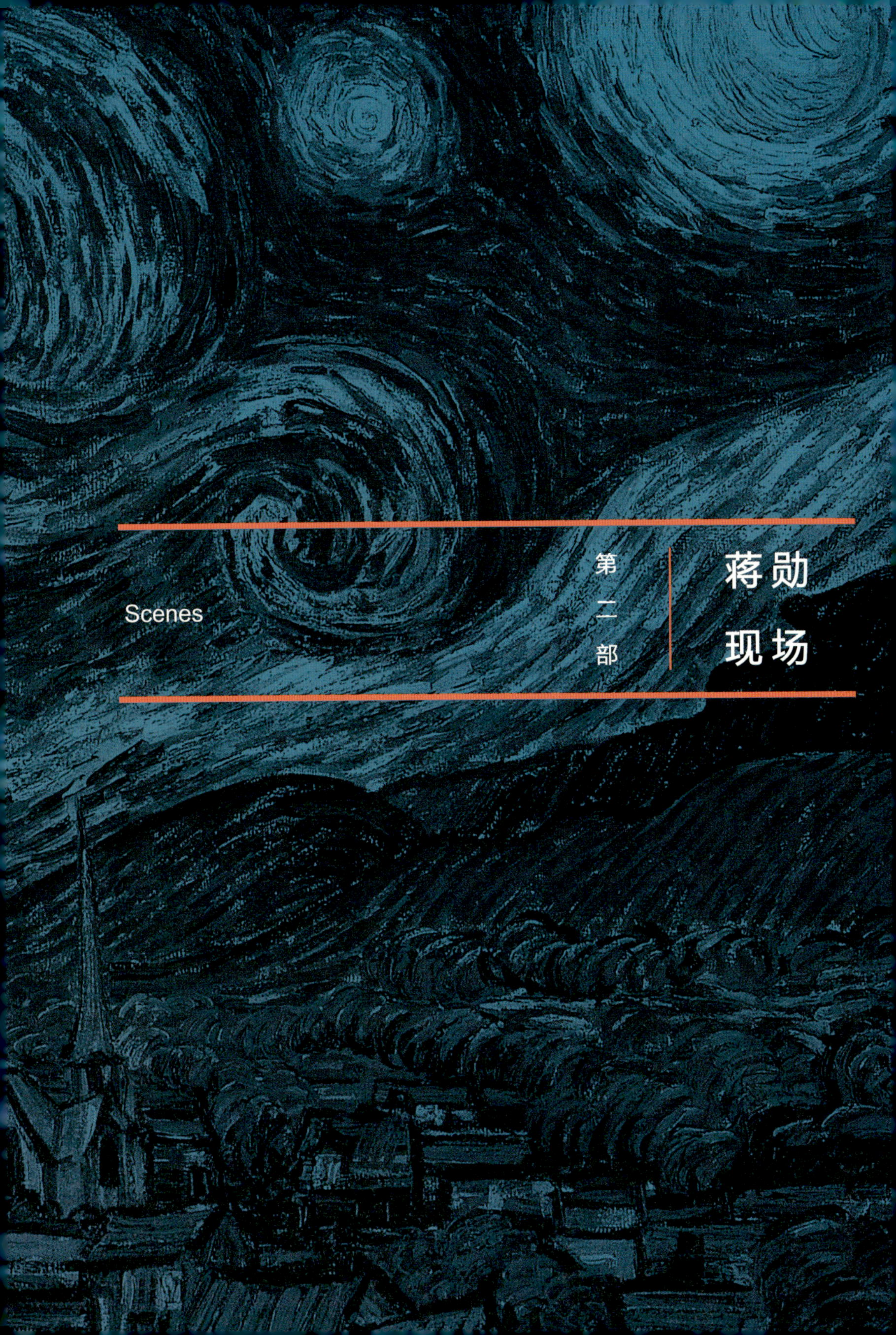

# 第二部 蒋勋现场

Scenes

# 梵高工农素描

哭泣的老人
在永恒的门口

阿姆斯特丹及库拉·穆勒的梵高美术馆保存有不少梵高以矿工及农民为主题的素描。

这些素描大部分是梵高一八八一年至一八八五年的作品。

梵高也许不只是把这些素描当作“艺术”看待。

那一段时间，梵高苦读神学，他希望成为一名称职的传道者，他希望到最穷苦艰难的地方为工人及农民服务，神学对他而言是身体力行基督救赎的生命意义。

他去了比利时博里纳日最穷困的煤矿区布道，他看到工人每天下到五百公尺深的矿坑，长达十几个小时的劳动；他看到工人住宅的局促简陋的房舍，他走进屋子，看到年老的工人，衣服单薄，坐在火炉前，燃烧捡拾来的枯树枝取暖，他在素描上加一点点粉彩的红或白，强调火苗的光，或枯树枝上的光。

梵高在为“艺术”而创作吗?

或许不是，他只是要见证一个时代，一种生存，一种社会制度下人的穷困与绝望。

他用蘸水笔画下背负重担的人走过，背上的重物压得他们直不起腰，他们沉默地走着，梵高似乎想记录下他们粗重的喘息。

工人坐在火炉前，没有御寒的衣服，没有食物，火炉上悬着一只铁壶，工人双手支撑着头部，想不出一点办法。

这样日复一日地劳动，却养活不了自己，养活不了家人，为什么?

梵高是布道者，他来宣讲基督救赎的爱，但是眼前的景象却是无法救赎的绝望。

一张重要的素描出现了，一八八二年，他画了一名老矿工，整张脸埋在双手中，我们看不到他的表情。他秃头，衣衫褴褛，好像工作了一生，耗尽了所有的生命，却仍然一无所有。

这是被用过的劳力，榨干了他们的岁月、力气，却像废弃的垃圾一样丢在一边，无人关心。

这件充满了无奈、绝望的人像素描当然对梵高而言也不只是“艺术”，他仍然只是要做生命如此被对待的见证。

一八九〇年五月，梵高自己陷入精神疾病的痛苦，囚禁在病房中，他重新画了沉陷在绝望中的这个老工人的画像，取名叫《在永恒的门口》!

他念念不忘的仍是对生命的救赎之爱。

## 哭泣的老人 1882

荷兰库拉·穆勒梵高美术馆藏。

一八八二年，梵高画了一名老矿工，整张脸埋在双手中，我们看不到他的表情。

他秃头，衣衫褴褛，好像工作了一生，耗尽了所有的生命，却仍然一无所有。

**在永恒的门口 1890**

81×65 厘米，荷兰库拉·穆勒梵高美术馆藏。

## 吃马铃薯的人

1885
81.5×114.5 厘米
荷兰阿姆斯特丹梵高美术馆

通过长期观察挖煤工人、纺织工人、田地里劳动的农民，早期的梵高累积了许多素描，以劳动者为题材，详实地描写他们的生活。

对劳动者的观察，使梵高产生对穷苦卑微生命的悲悯，他也曾试图以社区布道者的身份介入，帮助劳动者，把自己所有的衣服、食物，尽其所能分给这些穷困的工人或农民。

梵高早期的作品也充满了对卑微穷苦者困顿生活的揭露，似乎希望借此引起社会大众的关注。

他的目的，或许不是“艺术”，而是可以实际改善劳动者的生活景况。

《吃马铃薯的人》是梵高一八八五年的作品，是他一系列以劳动者为题材的总结的作品，有结束他前期画风的意义。

画面里是一家农民，五个人围坐在方桌四周，屋顶一盏昏黄的灯。

灯光很微弱，因此画面深沉郁暗，好像笼罩在沉重的静默中。

挡在画面中央，一名背对观者的妇人，她的背影像一种阻挡，一种拒绝，观者进不去这个黝暗沉默的世界。

桌子上一盘冒着白烟的马铃薯，侧坐的男子指着马铃薯，似乎在分配唯一的晚餐，一名妇人转头看他，也指着马铃薯。

马铃薯是画的主题吗？

梵高有许多素描记录农民种马铃薯，挖掘马铃薯，用粗黑的手指，因为劳动而变形的手指从干硬的泥土中抠出一个个马铃薯，用手指剥去马铃薯外的土块。

那些手指如今指着自己唯一的晚餐。

右侧一名妇人拿着铜壶，在白瓷碗里倒着黑咖啡。

画面上五个人，彼此凝视，或传递食物，一点点人的关切与温暖，但是，整张画有一种透不过气的沉闷与寂静。

梵高把对劳动者的同情升华成为一种安静的凝视，他要观者静观一种生存的庄严。

《吃马铃薯的人》像一种仪式，像基督福音书里的《最后的晚餐》。

然而正中央挡着一个背影，使观者无法进入这个世界，我们只好安静旁观。

**吃马铃薯的人 1885**

梵高有许多素描记录农民种马铃薯，挖掘马铃薯，用粗黑的手指，因为劳动而变形的手指从干硬的泥土中抠出一个个马铃薯，用手指剥去马铃薯外的土块。那些手指如今指着自己唯一的晚餐。

# 唐基老爹

1887
92×73 厘米
法国巴黎罗丹博物馆

一八八七年，初到巴黎，梵高的画风改变了很多。

原来沉郁暗黑的色调忽然明亮了起来。

原来粗重的线条也变得轻快活泼了。

一八八六年以前，梵高笔下的人物大多是工人、农民，或是在生活困境中的妓女、穷人。

一八八七年，到了巴黎，他结识了另一种族群，像这张画里的“唐基老爹”。

“唐基”是一个老革命党，一腔热血，觉得要用革命改变不公平的社会。

一八七一年，巴黎公社，唐基参加了街头的工农革命，被政府军队逮捕，关进监牢。

因为友人奔走，唐基幸免于难，从监牢放出来，在巴黎边缘的蒙马特区开一间小文具店，卖画布、颜料、笔，因此结识了一批穷途落魄的画家。

他继续宣扬他的革命理论，常常接济穷朋友，赊颜料给穷画家，被老婆骂到臭头。

一八八七年，梵高一到巴黎就与唐基变成好朋友，梵高一直悲悯工人、农民，穷到一天花不到一法郎，唐基认为梵高是同路人，他说：一天花费超过半个法郎，就是混蛋！

二人常在一起，梵高没有钱，唐基无条件提供画布、颜料给他，也为了这件事，梵高总跟唐基的太太大吵。

唐基是十九世纪末欧洲典型的无政府主义信徒，相信社会公义，相信人不应该有穷富之分，相信物质应该众人共享。

唐基因为帮助了很多穷艺术家，被大家尊称一声“老爹”（père）。

唐基和梵高一样相信人类可以没有种族差异，没有阶级差别，人类可以和平友爱。

唐基老爹坐在日本浮世绘版画前，双手交握，有一点拘谨，他也许不习惯被当成一张画中的主角。

他很平凡、和蔼、朴素、热情待人，尽力帮助他人，却有点怕太太。

梵高以相当直接的方式画了这张《唐基老爹》，作为他进入巴黎，改变世界观的一件重要作品。

“唐基老爹”的梦想或许不切实际，但在工业革命后最初的劳资对立的社会背景中，“唐基”正代表了一种纯朴的人道觉醒。

梵高从绝望的煤矿工人的社区走出来，认识了“唐基”，他的救赎梦想一霎时使画明亮了起来。

## 唐基老爹 1887

唐基是一个老革命党，参加街头的工农革命被政府军队逮捕，关进监牢，出来后在巴黎边缘的蒙马特区开小文具店，卖画布、颜料、笔，因此结识了一批穷途落魄的画家。

# 向日葵

花瓶里十四朵向日葵
十四朵向日葵

我在伦敦国家画廊，下午大约五点半钟。

看画的群众已陆续散去，画廊六点关门。

我穿过向外走的人潮，走上楼梯，走进十九世纪印象派的展览室，穿过莫奈，穿过雷诺阿，穿过修拉，一直走到梵高的《向日葵》前面。

很熟悉的一面墙，很熟悉的一张画，好几次站在这里，从年轻站到中年，感觉时间静止在画面上，年轻的激动热烈，中年的平静包容，都在画面上。

一八八八年夏天，梵高知道高更要来阿尔（Aries），梵高高兴极了，他盼望和高更一起住、一起画画、一起谈论艺术，盼望了很久，终于要实现了。

梵高买了桃木床，买了椅子，他刚到阿尔，没有钱，曾经睡在地上，但是他觉得要好好款待高更，要准备一个美丽优雅的家给他。

梵高摘了田野盛放的向日葵，带回家，插在陶罐里。好像要用明亮灿烂热情的南方之花来欢迎朋友。

他写信给朋友，描述他如何布置房间，他也描述自己开始画向日葵。

他觉得向日葵像最好的友谊，热情、慷慨、灿烂、明亮、温暖。

陶罐里的向日葵带着阳光的冶艳，带着泥土粗犷浓烈的气息。

梵高觉得这些花斩断了，离开了土地，仍然放散着阳光的灿烂和温度。

他用明度最高的鲜黄做背景，好像整个画面都是光，强烈的光，使人睁不开眼睛，一片泛白的光，使人目盲。

陶罐里的花，离开泥土太久了，花瓣变干，扭曲成更顽强的姿态，好像在对抗死亡，坚持色彩与形状的记忆。

花瓣枯干，更显露出花瓣中央一粒一粒一排一排密密结构的葵花子。葵花子赭褐色，梵高用颜料一层层堆叠，刻意用画笔沾蘸厚厚的颜料，形成凸起的颗粒，不像绘画，更像雕塑，可以触摸肌理质感，所有生命在死亡里固执坚持存活的庄严质感。

在大片明亮黄色里，少数醒目的是花蒂的绿，甚至用蓝线条勾勒，使花蒂尖锐飞张，好像在空中要抓住什么的充满呐喊的手。

梵高用这样的画迎接高更，他把这张画挂在高更房间的墙上，表示最大的热情、最大的爱。梵高一连画了十张左右的《向日葵》，画到高更到达阿尔。

高更到阿尔是一八八八年十月二十八日，他们相处了不到两个月。十二月二十三日梵高手拿剃刀跟在高更身后，高更落荒而逃，梵高用剃刀割下自己的耳朵。

《向日葵》也许是梵高燃烧自己的方式，彻底而纯粹，他剧烈的爱的形式，生前使人惧怕，死后却令人震动。

我们害怕这样的爱，我们又渴望这样的爱。梵高的《向日葵》书写出世人的矛盾。

（2007 年 6 月 18 日　伦敦）

**花瓶里十四朵向日葵 1888**

——

92.1×73 厘米，英国伦敦国家画廊藏。陶罐里的花，离开泥土太久了，花瓣变干，扭曲成更顽强的姿态，好像在对抗死亡，坚持色彩与形状的记忆。

## 十四朵向日葵 1889

100.5×76.5 厘米，日本东京安田火灾东乡青儿美术馆藏，这是炽热强悍的生命，但被截断了，插在陶罐中，好像有一种顽强的对抗，好像生命在最后死亡的时刻依然如虹热烈地燃烧。

# 梵高自画像

梵高一系列的自画像，记录着他逼视自己，凝视自己的过程。

可以在镜子里看到这么深沉的自己，需要多么诚实，需要多么大的勇气。

一般人看到的自己也许只是非常肤浅的表面。

自我挖掘下去，通常的人都会害怕。

梵高用最不逃避的方式逼视真实的自我出现。

一八八八年九月，为了迎接高更到阿尔，梵高处在一种高亢的情绪中。

他读了一些有关日本的文学描述，他一知半解地向往着遥远的东方：东方的僧侣，用一生的苦修，把自己献给信仰；用一生的时间，把自己修行成永恒不灭之佛。

梵高刻意看到自己苦修的容颜，清癯、干瘦、坚毅的嘴角，高而庄严的额头，挺直的鼻梁，特别是——金黄色的眉毛下一对如鹰一般锐利的眼睛。

深沉、准确、毫不妥协的眼神，凝视着自己，好像要逼视到灵魂最深的地方，使人颤栗，使人悸动。

青绿色的平涂背景，单纯深邃，像巨大的心灵的回声，像密宗梵呗中的高音，带领视觉进入冥想的领域。

细看五官，有许多浅黄浅白浅绿的油料，随着脸部轮廓起伏流走，像解不开的心事的纠结，记录一个生命受苦与煎熬的过程。

梵高的《自画像》中这一件最强烈，又最平静，极其素朴，又极其庄严。

梵高自己很看重这件《自画像》，他把自己送给高更，并且比喻为日本僧侣，献给永生之佛。

（1982 年　波士顿）

**献给高更的自画像 1888**

59.5×48.3 厘米，美国哈佛大学福格美术馆藏。
可以在镜子里看到这么深沉的自己，需要多么诚实，需要多么大的勇气。

梵高一系列的自画像 15 幅

## 割耳自画像

梵高从一八八七年开始，或许因为精神疾病的困扰，开始密集性画《自画像》，在镜子里凝视自己，仿佛把自己当病人来研究，这些自画像也就像他的病历。

一八八八年九月间，他的自画像透露出焦虑、不安，画面中的五官紧张而锐利，看得到心灵饱受煎熬的忧苦。

一八八八年十二月二十三日深夜，梵高和高更争吵，之后用剃刀割了耳朵。

一八八九年一月六日，他耳朵的伤口尚未痊愈，他就又坐在画布前，凝视着自己，画下了《割耳自画像》。

《割耳自画像》不止一张，有一件叼着烟斗，红色背景，另一件没有叼烟斗，柠檬黄背景，多了一张日本仕女浮世绘版画。

两件作品大同小异，角度、大小、姿态、服装都一样，都是在割伤耳朵之后两星期后的作品。

在一系列梵高《自画像》中，这两件是最特殊的。

一般说来，梵高《自画像》是在逼视自己精神疾病的困扰，画面上多是焦虑浓郁的情绪堆叠。

收藏在伦敦国家画廊的这件《割耳自画像》，油料比较薄，柠檬黄的背景可以看到画面纹理。梵高头上戴着黑绒毛毡帽，帽檐下的眼神平静而温和，和其他《自画像》中眼神的锐利紧张完全不同。

梵高的耳朵上还包裹着白色纱布，他好像要刻意看自己受伤的样子，没有回避，也没有躲闪。

在一系列梵高焦虑的《自画像》中，这个时期，似乎最为平静。

是不是“割耳”缓解了他内心的紧张？

是不是肉体上自戕的痛反而转移了长久以来心灵饱受纠缠难以解除的苦？

精神医学上有人认为此时梵高有幻听的骚扰，导致他的割耳。

我们对精神疾病的领域还所知有限。

梵高的《自画像》，却以最真实的“病历”的形式把自己提供给后来的医学做更深的探索。

在镜子里逼视自己是一种勇气！

在镜子里逼视卑微、难堪、疯狂的自己，梵高在这张《自画像》里表现了惊人的冷静。

他以最忧苦的眼神看着自己，除了悲悯，生命别无其他的救赎！

（2007 年 6 月 22 日　伦敦）

**割耳自画像 1889**

60.5×50 厘米，英国伦敦国家画廊藏。
割伤耳朵后两个星期，还包裹着白色纱布，梵高凝视自己，画下《割耳自画像》。

# 星空

1889
73.7×92.1 厘米
美国纽约现代美术馆

一八八八年到阿尔之后，梵高就对夜晚的星空发生了兴趣，尝试画了一些以星空为主题的画作。

也许是因为偏远的农村，灯光比较少，星辰的光特别明显，也许是因为靠近地中海的南方，空气洁净，夏夜的星辰也特别华丽。

梵高仿佛在学习与遥远的星辰对话。

但是，他最华丽的这幅《星空》却是一八八九年在圣·瑞米精神疗养院时期创作的作品。

很少人在这件作品前不被天空的繁星震动。

右上方一弯新月，很装饰性的金黄新月，围绕一圈浅黄的月晕。

一颗一颗星子，高高低低，远远近近，布满蓝色的天空。

梵高用拉长的点描笔触书写他与满天繁星对话的狂喜。

他听到了星辰流转的声音！

他听到了云舒卷回旋的声音！

他把宇宙静静移动的运行转变成如此华美庄严的乐章，像最圣洁的宗教的颂歌。

天空是深蓝、浅紫、草绿、金黄、铅白……各种色彩华丽的丰富组合。

夜晚的天空并不是单一的黑色，夜晚的天空闪烁着星辰与月亮的光华，闪耀着璀璨的宝石的光。

天空下面，一段低沉的白云依靠着起伏的丘陵的棱线。

山脉是紫蓝色的，上面流动着一条一条白色的月光。

最下方是安静的村落，低矮的屋宇，偶然亮着几盏未眠的灯火。

人间灯火稀疏寥落，远不如天穹上的繁星那么灿烂明亮。

一座教堂的尖塔高高地指向天空。

有人考证，从圣·瑞米精神疗养院的窗口望出去，并没有一座教堂。

这座教堂像北方荷兰的建筑，是病房中梵高在不眠的夜晚，重回自己童年的故乡了吗？

《星空》安慰了精神疾病中饱受心灵痛苦的梵高，好像整个繁华的星辰都到病房的窗前来与他对话。一株黑色的丝柏像火焰般燃烧向天空，像是梵高自己沮郁的生命纠缠焦虑，向无限宽广的天空呐喊。

他在心灵的剧痛里呐喊，迸出泪水，点点泪光撒成漫天繁星，成为苦难人间永恒的救赎。

星空 1889

梵高用拉长的点描笔触书写他与满天繁星对话的狂喜。他把宇宙静静移动的运行转变成如此华美庄严的乐章，像最圣洁的宗教的颂歌。

# 奥维教堂

1890
94×74 厘米
法国巴黎奥赛美术馆

一八九〇年五月，梵高抵达奥维，接受嘉舍医生的治疗，他在这个小镇住了两个月，七月二十七日枪伤自己，二十九日凌晨逝世，遗体就埋葬在教堂的庭园。

奥维是塞纳河支流瓦兹（Oise）河边的一个小镇。十九世纪末，居民不多，镇上小小的教堂坐落在分岔路口。

梵高面对着教堂，教堂前面两条小路，绿色的草茵上开着黄色的花，有妇人向左侧那条小路走去，两条小路都用长形的点描笔触，白色、黄色、褐色，一种迷离的线条，好像在寻找秩序，又像是迷失。

信仰曾经是读神学的梵高狂热追求的生命领域。

教堂是信仰的殿堂，但是他曾经被教会解职，被认为是一个不称职的传道者。

这里的教堂被夏日郁暗的湛蓝压迫着。

梵高画的是教堂的背面，教堂正门朝西，所以是午后画的，有点逆光，教堂的阴影遮住一部分墓地，阳光下明亮的青黄色草地和阴影下深绿褐色的草地形成对比。

这座教堂有哥特式的玻璃花窗，石头的扶拱，几个尖形屋顶堆叠出钟楼高高的塔尖。

教堂的结构并不稳定，在几条似乎就要崩解的线条之间维持着微妙的平衡。

但是，最高处的钟楼尖塔高耸挺拔，没有任何犹疑地指向天空。

在濒临疯狂的边缘，在痛苦的临界点，在自戕绝望的前夕，梵高看到的信仰，仍然是牢固不移的信仰吗？

像是他留在人间最后顽强的信仰的坚持，即使生命如此剧痛，他仍然坚持信仰。

然而这信仰或许是在多么难堪、卑微、脆弱、疑惑、焦虑的不安中维持着岌岌可危的平衡吧。

在生命的岔路上，向一边走去可能是希望，另一边走去是绝望，一边是生，一边是死，一边是妥协，一边是坚持。

刚刚去过奥维，在梵高的墓前静坐，一个郁热的夏日午后，忽然乌云密布，天上掉下大片冰雹，“砰砰砰砰！”像一种枪声。

回到巴黎，感觉着那夏日午后的魂魄仍在左右，走进印象派美术馆（当然还没有奥赛美术馆），坐到这张画前，写下一些心事。

（1975 年 7 月 29 日　巴黎记事）

**奥维教堂 1890**

在濒临疯狂的边缘，梵高用几乎要崩解的线条维持教堂微妙的平衡。

## 麦田群鸦

1890

50.5×103 厘米

荷兰阿姆斯特丹梵高美术馆

《麦田群鸦》创作于一八九〇年七月，常常被认为是梵高最后的作品。

一八九〇年五月，梵高从法国南方的精神疗养院转到巴黎北部的奥维小镇。他在奥维除了接受嘉舍医生的治疗，大部分时间便一个人走到野外去写生。

奥维附近有大片大片的麦田，七月是麦子结穗的季节，金黄的麦田中飞来成群乌鸦，抢食麦粒。

农民为了惊吓乌鸦，常常使用一种霰弹枪。

梵高七月二十七日就是以这种枪射入自己心脏的下方。

一百公分长的画面，五十公分高，接近于东方的长卷。在西方油画里比较少有这种横长的构图。

大片的麦田在面前展开，金黄的麦浪用褐、黄、白色颜料，大笔触堆挤。

麦穗翻飞，真的如同海浪，汹涌澎湃，激荡着，纠缠着，好像解不开的宿命。

深褐色的斑驳泥土是一条盘旋在麦田间的路，路的两旁有青绿色的草丛。

低低矮矮的天空，压得人喘不过气。

梵高在以《星空》为主题的画作中，天空的蓝是透明的，闪烁着希望。

《麦田群鸦》的天空里压着沉郁化解不开的黑色，一片乌云笼罩下来，笔触烦躁焦虑，一种狂乱慌张的失序，仿佛已无路可走。

连白色的云团也纠结了起来，失去了舒卷自如的悠闲。

枪声响了！

麦田里“嘎！”“嗄！”飞起一片凄厉的叫声。

乌鸦一只一只飞起，黑色的，好像绝望地找着出路，一直飞到天际，飞到沉郁黑暗的天空中去。

这张画像一种恶兆，一种宿命的恶兆，乌鸦的啼叫，天空的乌云，麦浪的惊惧颤抖。

梵高用每一件作品剖白自己的生命，也用最后的画诉说绝望与死亡。

站在这样辽阔展开的天空下，站在这样无边无际展开的大地前，受尽精神之苦的生命为自己唱了挽歌！

**麦田群鸦 1890**

50.5×103 厘米，荷兰阿姆斯特丹梵高美术馆藏。
这张画像一种恶兆，一种宿命的恶兆，乌鸦的啼叫，天空的乌云，麦浪的惊惧颤抖。

# 第三部 梵高

Van Gogh

# 荷兰的心灵与美学革命

梵高是荷兰十九世纪最重要的画家。

十六世纪以前，还没有“荷兰”这个国家，今天包括荷兰、比利时的大部分土地属于南方的西班牙王权统治。

用今天欧洲的地理概念，很难理解十六世纪的西班牙，如何隔着比利牛斯山，隔着法国去统治北方的“低地国”。

称为“低地国”，或“尼德兰”，或“法兰德斯”，都只是隶属于西班牙帝国的殖民地。

十六世纪，海洋霸权兴起，西班牙的无敌舰队纵横海上，向东征服了亚洲的菲律宾，也曾短期占领中国台湾北部；向西统治了广大的中南美洲，今日的秘鲁、阿根廷、智利、墨西哥，甚至北美西岸都曾经是西班牙帝国的领域。

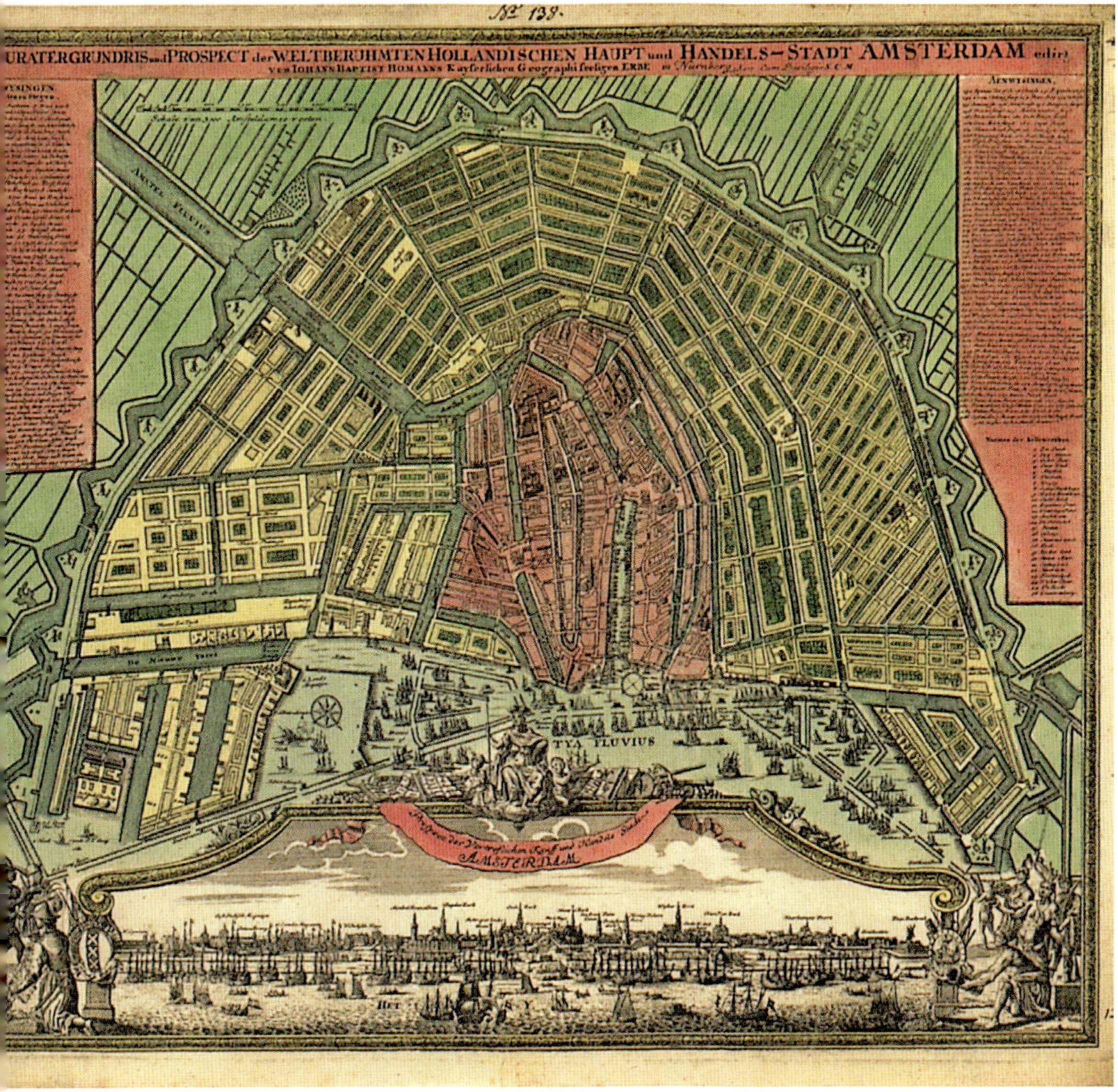


**古荷兰地图**

一六四八年，荷兰建国成功了，不只是赶走剥削他们、压迫他们的外来西班牙政权，更是以全新的信仰价值站上现代世界舞台。

西班牙的海上霸权沿着大西洋岸向北征服一片毫无防御能力的“低地国”，自然易如反掌。

“低地国”的人民勤劳朴实，他们在水患频发的“低地”沿海捕鱼、农耕，相信基督福音书上浅显易懂的平凡做人的道理，因此对外来西班牙统治者奢华夸张的天主旧教的伪善仪式不能理解。

以梵蒂冈为中心的天主教旧教系统，结合新兴的王权帝国，成为十六世纪保守的信仰结构。

以信仰为名，却在世界各地行掠夺贪婪之实。

西班牙的天主教系统正是与王权帝国结合最紧密的“君权神授”。

因为“君权”是“神授”，天命不可违，也形成政权予取予求的贪婪残酷行为。

到了十七世纪，荷兰的中产阶级逐渐形成，中产阶级发展城市市民文化，也从统治者那里学到了造船航海的技术，懂得从贸易上获利，开始对外来统治者的予取予求产生反抗。

荷兰长达八十年的独立建国过程艰辛而曲折，中产阶级逐步找到自己的社会信仰，相信自力更生的生命价值，他们填海为陆地，在狭小的生存空间里创造财富与产业。

新教对基督信仰的诠释有了与旧教完全不同的方向。

荷兰的中产阶级知道：没有全新的信仰，独立建国都只是空谈！

荷兰的新教信仰使天主教巴洛克式奢华的大教堂改变成朴素的聚会所。

新教相信他们是为信仰而“聚会”，学习基督福音书简单朴素的训示。

新教的聚会所，去除了华丽繁复的装饰，甚至搬走了圣人的雕像画像，福音书上不是明明训诫：不可崇拜偶像吗？

荷兰新教去除了天主旧教烦琐的祭拜仪式，使基督信仰还原到朴实的原点。

“日出而作，日入而息”，从填海造陆的艰困中领悟神必然祝福勤苦求生存的人，福音书的句子很容易懂：“穷人有福了！受压迫的人有福了！”

荷兰的新教信仰造就了一个全新的国家，以自己的劳苦努力换取生存空间，荷兰独立建国的革命，不完全是对抗外来西班牙的蛮横贪婪，而更是面对自己内在生命价值的全新思考。

荷兰建国成功了，不只是赶走了剥削他们、压迫他们的外来西班牙政权，而更是以全新的信仰价值站上现代世界的舞台。

因为有全新的信仰，所以荷兰建国之初，不只是“建国”，而更是建立新教哲学，建立了成为世界绘画美学主流的“荷兰画派”。

莱布尼兹、维米尔、伦勃朗……一连串在哲学信仰与美学领域上垂世不朽的名字，使荷兰的独立建国有了文化上具体的内涵。

因为荷兰的建国历史，更可以使人确信：没有信仰，没有文化内涵的独立建国势必只是空谈与政客的骗局。

**阴云下的麦田 1890**

50 × 100.5 厘米，荷兰阿姆斯特丹梵高美术馆藏。

# 荷兰画派——回归平凡生活的美学

西班牙统治“低地国”时期，西班牙画派如日中天，宫廷的御用画家委拉斯凯兹（Velazguez）一生以皇室帝王家族王子公主贵族为对象，创造了君权神授时代巴洛克艺术的巅峰。

在西班牙巴洛克的影响下，“低地国”的鲁本斯（Rubens）也在比利时、法国、西班牙宫廷绘出灿烂夺目、辉煌亮丽的贵族绘画。

荷兰的独立建国不是贵族的夺权，荷兰的建国建立在普世的勤劳生活的信仰基础之上。因此，时代相差不远，荷兰建国不久，类似维米尔这一类朴实市镇生活的写实画风就在荷兰产生了。

鲁本斯以王权为中心的画作尺寸都非常大，构图耸动夸张，喜好以高明度高彩度的色彩、丰腴的肉体煽惑人的视觉，造成华丽的戏剧化效果。

维米尔的原作尺寸都非常小，适合悬挂在小市民的客厅，他的颜色，无论灰、蓝、黄、白，都有一种天长地久的沉稳。他著名的《倒牛奶的女佣》，以一名准备早餐的女佣为主题，把欧洲以贵族为中心的绘画拉回到生活的现实。新建国的荷兰，没有大贵族的奢华，有的是在简朴市镇中一种平凡生活的安分满足。

维米尔的画第一次在世界美术上使人知道新热的牛奶如此甘甜，面包如此松软饱满，装水的玻璃罐透明晶莹，连女佣身上的粗布围裙也厚实温暖，而室内简单到只有一桌一椅，椅子上铺了绒垫，绒垫固定的铜钉擦拭光亮，映照着窗口斜射进来的清晨的阳光。

这是一天美好的开始，也是初建国笃实稳定的信仰，没有这个信仰，荷兰无法建国，没有这个信仰，不会有维米尔，不会有伦勃朗，也不会有更晚出现的梵高，他们的名字串联起荷兰建国的信仰。维米尔的画作常常以女人为主题，操持家事的女人、读信的女人、弹奏乐器的女人、在镜中穿戴首饰的女人。

二十世纪末整理出来全世界仅有的三十几幅维米尔画作，使荷兰画派反映的市民生活有了更确定的内容。

**麦田里的女孩 1890**

66×45 厘米，美国国家画廊藏

坐在藤椅上的莫斯梅 1888

美国国家画廊藏

对抗君权神授的欧洲巴洛克传统，荷兰画派不再处理宗教主题（神权的放弃），也不再处理贵族主题（君权的放弃）。

回归到小市民生活，妇女的操持家事因此是维米尔抓到的时代脉象。

但是，男人到哪里去了？

观看维米尔的画，常常在他画面的背景看到一张悬挂在墙上的大地图。

维米尔的画如果是生活写实，那么，十七世纪的荷兰一般市民家里是有挂地图的习惯的。

《读信的女人》，背后有一张地图，荷兰十七世纪逐步取代了西班牙、葡萄牙，成为新的航海霸权。

我们一定记得，十七世纪，维米尔在画画的同时，荷兰的船队到了中国台湾地区，以今日北港一带为据点，在台南安平建红毛城，而且，荷兰的商人也把广大的爪哇隶属为“荷属东印度公司”来管理。

荷兰的殖民主义不像英、法的帝国统治，而是由更现代化的“公司”管理，商业贸易的获利目的似乎更超越政治领土的占有。

以这样的背景重新回到维米尔画的前面，一个站在大地图前面的年轻妇人，正在专心读信。

她在读谁的信？

那封信从哪里寄出？

她可以在地图上找到寄信的方位吗？

地图上有没有新标记的“爪哇”或“福尔摩沙”这些地名？

纺织的女人 1889

也许，维米尔的《读信的女人》隐藏着荷兰一页航海霸权历史的图像。

在阿姆斯特丹的国家美术馆看画，十七世纪的荷兰画派产生了很多以海洋为主题的画作，船队航行于汪洋大海，辽阔壮观，表现出征服冒险的壮丽，但这些多少标榜着英雄主义的画作在今日的艺术评价并不高，却是维米尔的小小的《读信的女人》仿佛旁敲侧击，勾画出了男人远航海外，女子在家里接到书信，遥想异域爱人的落寞心境。

女子的落寞与思念才是荷兰画派真正的主题，是留在平凡生活中具体的荷兰风景。

唐代也是爱征战的，动人的唐诗却旁敲侧击，留下了“可怜无定河边骨，犹是春闺梦里人”的耐人低徊的诗句。

**海滩上的渔船 1888**

65×81.5 厘米，荷兰阿姆斯特丹梵高美术馆藏。

圣玛丽的海景 1888

**靠岸的沙船 1888**

48.9×59.4 厘米，德国埃森福克旺博物馆藏。

# 伦勃朗——创造生命的信仰之光

维米尔是代尔夫特（Delft）小镇的画家，终其一生，他的画作也忠实反映着荷兰小镇市民朴素平凡内敛而又宁静的生活。

伦勃朗则略有不同，同样作为十七世纪荷兰画派的创作者，他从小镇走向大城市，走向国际化的大港口，走向世界航运贸易的新兴中心——阿姆斯特丹。

“丹”（Dam）是港口、码头，是船只出发与归来的聚集地，是水手传达冒险经历，商人夸耀财富的地方。

伦勃朗青年时代即在阿姆斯特丹定居，以绘画为职业，他的经验便是世界性的主流经验，他也以自己一生的创作使荷兰的美学成为世界性美学。

伦勃朗是比维米尔更中产阶级的，他的画作中类似《纺织工会理事们》，类似《脑

法国轻步兵 1888

科医生》都反映着荷兰新兴的中产阶级，他们以自己的专业建立社会地位，也建立一种全新的管理制度。

《纺织工会理事们》是创业的纺织业股东们的团体照，留下了新兴产业的组织体制，也留下了商业企业家取代传统贵族成为绘画主流的事实。

荷兰的建国的确建立在新兴资本体制的商业基础上，荷兰的建国革命，更早颠覆了保守的封建王朝，意义可能比法国大革命（要晚到一七八九年）更大，更具备走向近现代的划时代意义。

许多人认为伦勃朗的《夜巡图》是一支由班宁·寇克大尉领导的社区民兵队伍，也是一张有广告意义的保全人员团体肖像画，表示民兵团的每一成员都尽忠职守，保护社区市民的安全。

看书的吉努夫人 1888

这就是荷兰画派的精神本质，与市民生活息息相关，也不再崇拜个人英雄，而是歌颂集体管理的商业制度。

荷兰会以“荷属东印度公司”的名义管理（而不是统治）亚洲的殖民地，的确是更早体现了近现代的商业管理精神。

伦勃朗为新建国的城市企业家留下一幅幅庄严的肖像，这些企业家有克勤克俭的劳动本质，感谢上天赐予的物质财富，他们在黝黑郁暗的北国的深黑底色里透出动人的生命之光。

伦勃朗的肖像画里有刻意经营的光，光成为他画面上全新的构图，光是技巧，却更是内在的信仰。

伦勃朗相信光所在的地方，就是生命信仰的所在。

荷兰画派的背后联结着新教的基督信仰。

这个新教信仰的光的传统在十七世纪照亮了伦勃朗的绘画，两百年后，也延续照亮了梵高的绘画。

**梵高自画像 1887**

41 × 32 厘米，美国芝加哥艺术协会艺术馆藏。

**梵高自画像 1887**

32 × 32 厘米，荷兰库拉 · 穆勒梵高美术馆藏。
梵高的自我凝视与自我询问传承自伦勃朗，也传承自荷兰立国的新教精神。

梵高出身新教牧师家庭，他自己最大的信仰也是做一名为苦难者救赎的矿区布道者。终其一生，他的灵魂如火燃烧，仍然是荷兰新教的信仰使他锲而不舍地去贴近苦难与救赎的生命本质。

伦勃朗的前半生是飞黄腾达的，他在二十三岁时留下的自画像英姿风发，俊美而神采飞扬，从小市镇跻身为大贸易港湾城市的职业画家，伦勃朗结交一代的士绅名流，共同创造了建国之初荷兰的繁盛荣华。

伦勃朗在阿姆斯特丹有机会接触到全世界产业的精品，那些船舶带来的“舶来品”，有西亚的玻璃彩绘灯，有印度的织锦，有中国的丝、茶，有日本的漆器、折扇……伦勃朗的画作中出现林林总总的珍奇异宝，是他个人收藏的癖好，也是他反映出十七世纪阿姆斯特丹中产阶级生活国际化的一斑吧。

三十岁左右的伦勃朗在阿姆斯特丹拥有豪宅，生活如富商巨贾，他这一时期的自画像也如睥睨人间的君王，富贵中有一种傲气。

伦勃朗的后半生从巨富中破产，收藏珍宝一件一件拍卖，更不幸的是，妻子、儿女一一死亡，唯一养大的儿子提特斯（Titus）也在结婚后暴毙，先他而去。

伦勃朗晚年孤独一人，在镜子里摸索自己的容颜，繁华去尽，他在幽微的光里看到生命衰老、贫穷、潦倒、沮丧，然而，他一笔一笔画下所有的卑微、邋遢与难堪，生命到了如此不堪，还有纪念的意义吗？

新教的信仰再次成为幽暗中一道笃定的光，仿佛泪水中泛出的光，成就了他一生最后至为动人的自画像的庄严。

伦勃朗一生留下油画、版画、素描，不下一百件自画像作品，他是美术史上第一位长时间观察自己、记录自己、反省自己的自画像画家，他的自画像从青年到老年，成为他一生忠实的忏悔录。

二〇〇〇年，英国伦敦国家画廊曾以六十余件伦勃朗自画像作为跨越千禧年的人类纪念，我亲临现场，看到一个生命如此记录和面对自己，震撼难以形容，梵高是伦勃朗后第二位大量创作自画像的画家，但是他不是以长河方式观察自己的一生，他没有足够的时间，生命逼迫他在更短时间中燃烧自己，在他精神病爆发之后，两年时间，他集中画了二十几幅自画像，苦痛、庄严、扭曲、阴暗、忧伤、顽强，不同的眼神，冷冷看着自己，凝视自己，询问自己："我，出了什么毛病？"

梵高的自我凝视与自我询问传承自伦勃朗，也传承自荷兰立国的新教精神。

能够创作自画像的画家是能反省生命的画家，能够留下自画像的民族是具有反省能力的民族。

世界上两位以自画像震撼美术史的画家都出自荷兰，绝不是巧合。

# 文森特 Vincent

“文森特”，这个名字在梵高家族很普遍，“文森特”是担任社区牧师的祖父，“文森特”是开绘画经纪公司的叔叔，“文森特”是临盆时死去的婴儿，所以，一八五三年三月三十日诞生的新的婴孩，背负着家族许多记忆，祖父的基督信仰，叔叔的艺术偏好，哥哥的未见人世的夭亡，他——也被命名为“文森特”。

“文森特”这个名字交错着宗教信仰的狂热，艺术的激情，也纠缠着死亡早逝的恶咒。

“文森特”成为一个画家的名字！

“文森特”成为受苦与救赎的名字！

“文森特”是暗夜里满天繁星的闪烁，仿佛沮丧暗郁里有点点星光，也有了遥远却温暖的希望。

应该先听一听二十世纪美国歌手唐·麦克林（Don Mclean）的《文森特》（*Vincent*），使“文森特”的名字传递大街小巷，使“文森特”成为寂寞者的心事，使“文森特”成为美与救赎的声音。

如果用我们自己更熟悉的语言咏唱，可不可能有更多梵高的心事？

由于生前受精神疾病困扰，在狂躁激情的亢奋与沮丧绝望的低沉忧郁之间，饱受情绪折磨，梵高把所有的爱贯注在宗教与艺术上，尤其在病况愈趋严重的最后两三年，他的宗教只成为个人孤独地与大地、天空、云以及暗夜星光的寂寞对话。

他的爱，强烈而绝对，现实世界的人害怕这样的爱。

我们都渴望爱，如同《维摩诘经》所说：

“是身如焰，从渴爱生。”

我们的肉身向火焰，从渴望爱而生。

但是，在现实世界中，我们的爱都受到了磨损、扭曲，我们与现实妥协，爱，已经不纯粹了。

梵高无法与现实妥协，他要一种绝对纯粹的爱，近于信仰上的殉道。

殉道者必须饱受折磨，饱受肉体与灵魂的燃烧之苦。

梵高在阿尔（Arles），在圣·瑞米（S. Rémy），在囚禁的精神疗养院的牢房，

圣·瑞米疗养院花园里的草地 1890

英国伦敦国家画廊藏

夜晚无法入睡，精神的剧痛如虫蚁蚀咬啃啮他全身，他唯一可以自由的只有一扇窗口，那扇窗口，白天映照着普罗旺斯一带起伏的丘陵，在烈日下翻飞的麦浪，闪烁着金黄，白色的云团簇拥在山棱线上，衬着湛蓝深邃的南方的天空，他在画布上狂烈地捕捉那瞬息万变的光，光的移转带动色彩丰富的层次，每一瞬间都是全新的景象，他来不及捕捉，他没有时间调和颜料，他拿着一管一管油画颜料，像喷洒发泄生命的精华血液，灿烂的红、明亮的黄、闪烁的绿、沉静的蓝，以及强烈到使人目盲的白色，溅迸在画布上，他来不及修饰，他不是在记录风景，他是在挥洒自己最深的血泪心事。

到了夜晚，旁边的病人睡了，或也有人喃喃自语，那一排面对旷野的疗养院的小小囚房，有一间还亮着烛光，一对深凹的如猫一般精灵般的眼睛，等待在小小的窗口后面。

没有人打扰的夜晚，四处草丛里都响起了虫鸣，白日的燠热逐渐散去，夜晚从南方吹来阵阵凉风，带着山野里向日葵、薰衣草、迷迭香和薄荷的气味，还有麦子成熟的气味、土地热烈的气味，在暗郁却透着深邃蓝色的天空，那像猫一样青绿色精灵的眼睛，等待着和他对话的星辰的到来，一颗，两颗，幽微的遥远的光，从亘古的神话般的天空来到窗前，三颗，四颗，五颗，那带着温暖黄色的星光，像一朵一朵初初绽放的花，使整个夏夜的天空亮了起来。

梵高凝视着，热热的泪水盈满眼眶，这夏夜的星空多么热烈，多么纯粹，这么多远方的星辰来和他说话，为一个受苦的孤独者一起到来，仿佛要合唱出宇宙最温柔华

圣·瑞米疗养院花园里的台阶 1889

巴西圣保罗艺术博物馆藏

丽的歌声，他低头祈祷，他知道这是神与他同在的时刻，他的受苦有了救赎，他知道，可以拥抱整个星空，星空不会拒绝他。

目前悬挂在纽约现代美术馆（MOMA）的《星空》使全世界渴望爱与信仰的心灵在它面前停步伫足。

唐·麦克林也站在这里，一个歌手从内心最寂寞的深处响起了安慰心灵的歌声。

唐·麦克林的歌词，词意浅显，寓意并不深，但把梵高那些凝视夏夜繁星的孤独心事传达给了大众。

孤独，是因为生命里某些坚持的部分无法被他人了解。

寂寞是因为心里许多心事堵塞着，只能挤压宣泄在画布上。

画留了下来，在生前卖不出去，无人理解，甚至饱受嘲弄轻视的画，却在生命结束之后，有人了解了，有人看懂了，更多人热泪盈眶站在他的画前面，如同唐·麦克林一样。

如果唐·麦克林早生五十年，他会了解梵高吗？

如果唐·麦克林是梵高的邻居，会不会一样在警局控诉这个割耳朵的疯子？

如果唐·麦克林是高更，面对梵高激烈的爱，会不会也一样收拾行李落荒而逃。

我不是在询问唐·麦克林，我是在询问自己。

当我站在圣·瑞米那个小小的疗养院的囚房前，我询问自己，如果没有看过《星空》，如果没有读过梵高的传记，如果不曾知道一个心灵如何在孤独寂寞中绝望至死，我，站在一个精神病患的面前，会有一点点从容与慈悲吗？

我不确定！

我们的宽容与慈悲都很脆弱，在残酷的现实面前，我们信誓旦旦的爱可能崩溃瓦解得无影无踪。

某一个夜晚，梵高与高更激烈争吵，他们争吵的内容没有人知道，是一个解不开的密码。

之后，高更收拾行李落荒而逃，他们从此没有再见面。

当天晚上，梵高用剃刀割伤了耳朵，血流满身，他捂着耳朵跑出去，被邻居发现。邻居已经窃窃私语这个异常的画家很久，现在他们确定：这个人是疯子，有暴力倾向。

梵高是在邻居联名签署的控诉书交到警局后而被强迫送到疗养院治疗的。

签署的邻居中有一名妇人活了一百多岁，一直到二十世纪九十年代还活着，她已是人瑞，成为地球上唯一见过梵高的人，但她上电视时坦白直率地说："那个人是疯子，你们为什么说他是天才？"

现实里这个妇人带着她的世俗信仰活了超过一个世纪，纯粹的爱的梦想里，梵高带着他精神上的绝对走向自我，走向绝望死亡之路。

先知从来未曾被世俗承认是先知，先知的话语太纯粹，太绝对，使世俗的人害怕。

先知重来，仍然不会被世俗承认，而且，为了保障世俗的安全，人们会同心合力谋杀先知。

先知通常是被谋杀之后才被称为"先知"，之前，他可能只是"疯子"。

唐·麦克林歌咏的那幅《星空》，正是疯子发病时的画，一八八九年，画于圣·瑞米精神病院的囚房，如今，已是先知的启示了。

Starry Starry night
Paint your palette blue and gray
Look out on a summer's day
With eyes that know the darkness in my soul
Shadows on the hills
Sketch the trees and the daffodils
Catch the breeze and the winter chills
In colors on the snowy linen land

Now I understand
What you try to say to me
And how you suffered for your sanity
And how you try to set them free
They would not listen
They did not know how
Perhaps they'll listen now

Starry starry night
Flaming flowers that brightly blaze
Swirling clouds in violet haze
Reflect in vincent's eyes of China blue
Colors changing hue
Morning fields of amber grain
Weathered faces lined in pain
Are soothed beneath the artist's loving hand
For they could not love you

But still you love was true
And when no hope was left inside
On that starry starry night
You took your life as lovers often do
But I could have told you Vincent
This world was never meant for
One as beautiful as you

Starry starry night
Portraits hung in empty halls
Frameless heads on nameless walls
With eyes that watch the world and can't forget

Like the strangers that you've met
The ragged mess in ragged clothes
The silver thorn, the bloody rose
Like crushed and broken on the virgin silk

Now I think I know
What you try to say to me
And how you suffered for your sanity
And how you tried to set them free
They would not listen
They're not listening still
Perhaps they never will

---

点点星空
调色盘上蓝与灰
凝视夏日
凝视灵魂的郁暗
丘陵阴影起伏
记得树林，记得水仙花
记得山风，记得冬日寒凉
空剩一片白茫茫大地

我现在知道
你想跟我说什么
你想说：心灵多么受苦煎熬
你想说：多么想挣扎解脱
但没有人倾听
没有人听得懂
也许，此刻他们开始聆听了

点点星空
花朵绽放如火焰闪烁
紫色天幕上云团纠结
文森特天青的瞳孔
色彩瞬息万变
清晨的田野，金黄麦粒
苍苦皱缩的五官
艺术的爱可以抚平伤痛

他们无法爱你
你仍坚持真诚的爱
当内心希望尽空
在点点星光的夜晚
你结束生命如同殉情
我告诉你，文森特
世界上没有生命
如你这样华美灿烂

星空点点
肖像悬挂空室
没有框的头，无名之墙
凝视世界，永难遗忘

像你遇到的陌生人
邋遢的人，衣衫褴褛
血色玫瑰，银色尖刺
素白画布，撞碎溅迸

现在我知道
你想跟我说些什么
你想说：心灵如何受苦
你想说：如何挣扎试图解脱
人们不想听
人们仍然不想听
也许他们永远不想听

## 加尔文教派牧师——梵高家族的传统信仰

梵高的祖父是加尔文教派牧师，梵高的父亲提奥朵鲁斯（Theodorus Van Gogh）也是一名加尔文教派的牧师。一八四九年，他二十七岁，被任命为荷兰布拉斑（Le Brabant）省一个小市镇格儒·松迭（Groot Zundert）的教区牧师。这个小市镇靠近比利时边境，人口只有一百多人，小镇市民沉默安静勤劳，他们相信新教信仰，相信靠自己劳苦的生活荣耀神，相信朴实勤劳才是神的选民。

一八五三年三月三十日，梵高就出生在格儒·松迭小镇，他一生最亲密的弟弟提奥（Theo）也在一八五七年五月一日出生于这个小镇。

梵高家族，如同当时大多数荷兰的百姓，是虔诚的加尔文教派信徒。

加尔文(John Calvin,1509—1564)是法国传教士,因为反对当时天主教的腐败奢华,反对整个以梵蒂冈为中心的旧教结合封建王权压迫贫苦百姓，加尔文遭受封建势力逮捕，逃亡到瑞士，在日内瓦创立加尔文教派，阐扬基督福音的原始意义，反对教会的烦琐仪式，反对教堂的华丽装饰。

中世纪以来，与上帝沟通的权力操控在教会手中，信徒的奖赏与惩罚，死后上天堂或下地狱，都由教会决定。

教会因此利用信徒的恐惧，出售“赎罪券”，信徒不断把钱财捐到教会，兴建奢华的大教堂，满足教皇权贵的利益欲望，基督原始教义对穷人、受压迫者的怜悯完全被曲解，反使教会成为剥削与压迫人民的工具。

加尔文批判教会，认为人与上帝的沟通可以不经过教会中介，每一个信徒都可以以自己理解基督福音的方式直接与上帝沟通。

上帝在人间拣选他宠爱的选民，不是因为权力或财富，而是选民朴实丰劳的工作。

一个用自己劳力辛勤赚取生活的信仰者，就是上帝的选民。

加尔文的思想在十六世纪传到欧洲各地，影响了德国、法国，松动了封建势力，瓦解了“君权神授”的天命论，可以说是为十八世纪欧洲的革命铺下了基础。

加尔文教派最直接的影响可以说是帮助了荷兰的独立建国运动。

荷兰长期饱受西班牙王权贵族的压迫剥削，荷兰人民填海造陆，依靠勤劳工作换取生活，却被殖民者以苛捐杂税掳掠一空，稍有反抗便上绞刑架处死，长达八十年的独立运动惨烈悲壮，一直到一六四八年，荷兰终于脱离西班牙统治，成为独立国家，并且迅速发展成航海与贸易的海上霸权国家。

善良的撒玛利亚人 1890

圣母怜子像 188

荷兰从十六世纪后半叶到一六四八年独立成功，将近八十年的建国运动时期正是加尔文教派成形与茁壮的时代，加尔文教派对旧教封建势力的批判使荷兰的独立运动有了论述的基础，加尔文教派给予荷兰反殖民主义精神的鼓舞，人民敢于起来反抗压迫与剥削的统治者，也相信荷兰人民的勤劳朴实是可以得到神的赞美与赐福的。

加尔文教派的“选民”信仰似乎正预告着荷兰这个新国家的出现，他们依靠自己的劳动与大自然搏斗，与外来压迫者搏斗，他们不屈不挠，为实现自己的信仰而奋斗，他们正是上帝的“选民”。

梵高的家族与加尔文教派关系长久而密切，他们不只是加尔文教派信徒，他们甚至是坚定传布加尔文信念的牧师，梵高的祖父、父亲也是如此，梵高本身最早的理念与梦想也是在穷困矿区做一名为受苦者寻找救赎的牧师，加尔文教派的信仰深入他的生命之中，他的受苦与他的救赎都与这一教派的信仰息息相关。

梵高从童年开始，最熟悉的语言是父亲祈祷与布道的语言，每一天的餐食前，一家人围坐在简朴的食物四周，马铃薯、粗麦面包、豌豆汤加一点火腿屑，这么简单平凡的食物，但是祈祷的语言中充满了对神赐福生命的感谢。梵高是在这样有简朴信仰的感恩家庭中长大的，他生命里燃烧着狂热的爱，一般人都认为是对艺术的爱，或许我们错了，单纯艺术的爱不会使一个生命受苦、绝望，单纯艺术的爱不会使梵高日复一日地煎熬，只有艺术的爱，不会成就梵高巨大心灵的火焰，他生命里燃烧狂热之爱，是信仰的激情，是加尔文新教受苦与救赎的执着，从梵高父亲、祖父一路传承，新教牧师的血液川流不息在他的身上奔腾。

他身上流着布道者的血，他要站在生命的祭坛上宣讲基督的爱与悲悯，讲给最穷困的工人听，讲给终生劳苦的农民听，讲给一切在心灵上饱受折磨的孤独者听。

一八七六年十一月四日，一个主日的清晨，二十三岁的梵高，第一次站上布道者的讲坛，讲坛下是伦敦郊区最贫穷的工人，瘦削黧黑，呆滞没有表情的五官，他们听到年轻的布道者用那么美丽的语言描述黄昏、夕阳的光，描述连绵不尽的山峦丘陵，描述瞬息万变的天空，晚云中灰蓝、金黄、银白、赭紫的光的闪烁。

梵高平日是拙于言辞的，但一旦站上祭坛，仿佛有神附身在他肉体之中，他整个生命开始燃烧发亮。

他是彻头彻尾的布道者，无论是作为牧师，或之后作为画家，他只是坚持一种信仰的“布道”。

许多画家学习的只是技巧，梵高学习的是信仰，以信仰入画，他的绘画便有血有泪，不是徒具外观形式的空洞艺术。

从绘画外形论述梵高因此也常常只能是肤浅的皮毛。

后人听不到牧师梵高的布道，但是可以看到、聆听到画家梵高的布道，可以读到多达六百六十八封给弟弟提奥的信中完全近似布道的文字语言。

梵高从童年开始阅读圣经、听讲圣经，基督福音书的句子无时无刻不在他脑中萦绕盘旋。他喜爱《使徒行传》，那些为信仰而走向四方的使徒，他们曾经怀疑，如何在不同语言的国度布道，那时，他们的老师耶稣回答他们：我将使你们说四方的言语。

福音书的句子常被解读为“奇迹”，因为“奇迹”，许多使徒去了波斯、埃及、希腊、高加索、高卢，纷纷说起当地的言语，体现了神迹。

梵高体现的神迹并不是形式的语言，他相信心中信仰的执着，使他如神附身，使他燃烧，布道者一燃烧，信众便感受到他的光和热。

梵高的绘画是“四方的言语”，震动了世界每一个角落，福音书的语言不是“奇迹”，只是需要梵高这样的信仰者来验证。

圣·瑞米医院的教堂 1889

## 艺术？宗教？献身给谁？

梵高幼年的教育其实是来自牧师父亲的圣经教育，基督教福音书的加尔文信仰成为他一生信奉的基本精神。

他所受的学校教育并不多，一八六四年，梵高十二岁，父亲送他到同在北布拉斑省(Noord-Brabant)的另一个小镇齐凡贝根(Zevenbergen)读书，这是一所私人学校，学校教授英语、法语、德语，在荷兰、比利时、德国交界之区，梵高很自然具备了尼德兰语之外另外三种语言能力，他此后阅读的书籍以及书信书写的文体都与这三种语言有关。

梵高寄宿在学校，成绩不好，他在正规体制中似乎总是无法表现优异，在齐凡贝根学校的挫折，使他转学到荷兰另一个小镇提堡（Tilburg）的汉尼克学院（I’ institut Hanrik）。

**弹钢琴的加塞小姐 1890**

102×50 厘米，瑞士巴塞尔艺术博物馆藏。

汉尼克的学业也没有完成，一八六八年三月，因为父亲无法再提供他昂贵的学校住宿费用，梵高结束了他不到四年的学校学习。

梵高也许是不折不扣的中辍生，中断了学校体制教育，但是他阅读之勤，阅读之广，对知识渴求的强烈，终其一生，没有“中辍”。他追求的是生命的知识，他渴求的是性灵的知识，他不在意学校为了考试和分数的教育，他没有世俗的学历，但他生命的学历至高无上。

从学校退学，回到家乡，十五岁的梵高不可能依赖薪水微薄的父亲生活，加尔文信仰的自食其力也不容许他无所事事窝在家里。

梵高家族除了出牧师之外，也出艺术经纪人。

梵高有三个叔伯从事艺术经纪的生意，其中最有名的是桑特（Cent），被称为桑特叔叔（I' oncle Cent）。

桑特在荷兰当时最繁华的商港海牙开了一家艺术经纪公司，买卖古董艺术品，买卖当代油画版画。

十七世纪以后，由于荷兰市民阶级兴起，中产企业商人喜欢请画家画肖像，一般市民家庭也流行以绘

**有行人和马车的街道 1887**

荷兰阿姆斯特丹梵高美术馆藏

画做装饰，有时油画价格高，画家就制作成版画，以石版或金属版印刷，可以重复复制，也相对降低成本，使一般大众可以购买艺术品。

伦勃朗就曾经制作许多版画，版画的买卖更普及了艺术在大众间的行销市场。

梵高家族的艺术经纪传统正是荷兰艺术市场普及民间的一个证明，梵高的弟弟提奥以后也继承了家族的这一基因，成为颇成功的艺术经纪人。

十六岁中止学业以后的梵高第一个选择的职业也是艺术经纪人。

一八六九年七月，梵高经过桑特叔叔的介绍进入当时欧洲最大的艺术经纪公司古匹·喜（Goupil et Cie），在荷兰海牙的分公司担任店员。

工业化后的欧洲进入企业资本垄断的十九世纪中叶，个人化的小企业难以生存，多被垄断性的大企业并购。

梵高担任店员的分公司，原来是桑特叔叔的产业，桑特无力经营，卖给了古匹·喜公司。这家公司的旗舰店在巴黎，也在伦敦、布鲁塞尔、海牙都有分公司，是当时欧洲最具规模的艺术经纪公司之一。

一八七三年，梵高的弟弟提奥也经由桑特叔叔介绍进入古匹·喜在布鲁塞尔的分公司工作，梵高本人则从海牙的分公司调到伦敦的分公司，兄弟两人都传袭了家族的艺术经纪渊源，也在同一家公司的不同城市工作，只是，对于提奥而言，艺术经纪是一生的职志所在，而对于文森特·梵高来说，艺术经纪或许开拓了他赏鉴艺术的视野，却不是他生命的终极目的所在。

他还是要走回到他信仰的原点，他还是要走回到为生命救赎而受苦的原点，艺术的买卖，无论多么热闹喧哗，也无法干扰他内心深沉笃定的向往。

梵高在古匹·喜艺术公司的工作表面看来十分顺利，不但薪水增加，也一再升迁，从海牙分公司到伦敦，一八七五年，已调升到巴黎的总公司工作。梵高艺术经纪的工作一帆风顺，不但是稳定的职业，也使他有机会接触到不少艺术名作。

在伦敦，他接触到英国十八世纪的肖像画家和风景画家庚斯博罗（T. Gains

borough，1727—1788）的作品，也接触到更近代的康斯塔伯（J. Constalble，1776—1837）以及启发印象派的先驱透纳（Turner，1775—1851）；他在古匹·喜从事名画复制，卖得最好的常常是法国新古典主义画家安格尔（Ingres，1780—1867）唯美的裸女画。

梵高经历这些不同时代与国度的名作，到了一八七五年，他调到巴黎，住在蒙马特，印象派第一次联展（1874年）刚刚举办，莫奈、雷诺阿正以鲜亮的色彩、大胆的笔触撼动西方古典美学传统。

然而，梵高似乎没有太大震撼，他甚至去参观了刚去世的写实派大师柯罗（Corot，1796—1875）的回顾展，柯罗是他喜欢的画家，他常常讨论到柯罗小镇风景画中平凡朴实而宁静的色彩层次。但是，他的心似乎已经无法关心艺术，艺术对他而言，是不是太简单了，艺术又常常容易伪装华丽，梵高的心思被宗教信仰占据了。他在星期天长坐在教堂，他聆听巴黎贝兹叶（Bersiez）牧师的布道，他仿佛忽然发现自己的生命有更高的信仰，要为人类做更大的救赎，不是艺术经纪，甚至不是艺术。

他从少年时代，喜欢在纸上素描风景，在艺术经纪公司工作后，顺理成章，更经常带着画笔、素描本，涂涂抹抹。

“但是，我的生命要奉献给谁？”

他的心里有牧师家族血液的呼唤，那呼唤越来越强烈，终于使他放弃了艺术经纪人大好的职业前程，一八七五年底，他不告而别，离开了工作了五年的古匹·喜艺术公司。

他跟自己说：“我要找一个跟宗教信仰有关的工作。”

梵高写信给一些牧师，先后在英国一些最穷困的社区做志工教师，教社区工人和农民的孩子读语文、基本算术，没有薪资，教会只提供他简单吃住。

他在伦敦近郊最贫穷的社区教学、讲道。工业革命之后资本集中垄断现象尖锐化，没有良善的社会福利制度，没有有力的工会制衡，资本家压迫剥削工人，每天工时可以长达十四至十六小时，所得不足以供养妻儿，贫病时自生自灭。

一八七〇年，正是法国发生巴黎公社暴动的年代，梵高不会不知道社会主义的革命狂潮，然而他还沉浸在基督的福音工作中，受苦与救赎只是个人心灵的信仰，悲悯与淑世的理想也是个人的崇高道德。梵高和那时许多高贵心灵一样，身体力行地走向受苦与救赎的信仰道路，但还无法成为巴黎公社式的革命，马克思的社会革命语言或许对他们还太尖锐，他们仍然坚持古老基督信仰的救赎形式。

梵高在最穷困与苦难的穷人中讲基督的训示，他整个生命在燃烧，夜以继日，在最脏臭的地方，在最郁暗的地方，在最苦痛的地方，试图使自己的生命燃烧成一点亮光，或燃烧成一点温暖，可以给穷人一点支持安慰。

梵高最早的奉献，不是艺术，是信仰。

他病倒了，没有任何人的身体可以经受这样的劳累与负担。

他从英国回到荷兰，做了短期书店店员，但精神恍惚，整日趴在桌上手抄圣经，像中世纪最苦修的僧侣，使自己完全进入基督的训示之中。

梵高说服了家人，让他学习神学，立志追随父亲做一名牧师。

梵高被当作十九世纪最伟大的画家，最具创造力的艺术家，但是，显然，他生命的起点不是艺术，或许，他生命的终点也不是艺术。

绿色的葡萄园 1888

**耙草的女孩 1881**

58×64 厘米，水彩画。

## Nuenen 的小礼拜堂集会 1884

41.3 × 32.1 厘米，荷兰阿姆斯特丹梵高美术馆藏。
梵高试图使自己的生命燃烧成一点亮光或一点温暖，可以给穷人一点支持与安慰。他在最穷困与苦难的穷人中讲基督的训示。

# 苦读神的话语

一八七七年春天，梵高到了阿姆斯特丹，为了进入神学院，取得做牧师的资格，彻夜苦读神学。

他幻想着站在基督的祭坛上：为受苦大众布道的情景，全身仿佛在发光发热。

在一八七六年十月三十一日写给弟弟提奥的信中他说：

“When I was standing in the pulpit，I felt somebody who，emerging from a dark cave underground，comes to the friendly daylight.”

“一旦站上布道讲坛，我就像穿越地底郁暗隧道，来到温暖明亮的阳光中。”

所有信仰者期待的神启，在梵高身上特别强烈，他从小在祖父、父亲身上熟悉了太多圣经中神的话语，神学院的资格似乎对他不应该是难事。

## 圣经 1885

65.7×78.5 厘米，荷兰阿姆斯特丹梵高美术馆藏。

梵高为了成为一名尽责的牧师，为了进入神学院接受人文、科技、天文、地理各方面的知识训练，苦读希腊文、拉丁文，传承中世纪以来烦琐的经院哲学。

雪地里的矿工 1880

但是，事实上相反，神并不等于神学，如同真诚的信仰并不等于教会，如同，更晚一点梵高会品尝到：美也不完全等于艺术。

为了进入神学院，为了成为一名尽责的牧师，必须苦读希腊文、拉丁文，传承中世纪以来烦琐的经院哲学，加尔文教派的牧师，肩负着社会中产知识阶层的学养道德典范，神学院广泛涉及人文、科技、天文、地理各方面的知识训练。

梵高的数学、几何都不够好，希腊文也读得不精，他有时候也怀疑，这些繁重的知识培训真是为了做好基督的仆人？

但是他仍日以继夜苦读下去，他知道这只是过程，他要取得一项资格，可以使他达到站上讲坛布道的目的。

一八七八年十月，他在阿姆斯特丹的神学院考试失败，他陷入沮丧，但还是没有打消成为布道者的信念。

他仍然积极和几位牧师联系，在比利时布鲁塞尔的教会神学院做见习生，试图取得非正式的资格到比较偏僻贫穷的地区传教。

**教堂与农场 1885**

一八七八年年底，他终于等到了机会。

在比利时靠法国边界蒙斯（Mons）附近有一个挖掘煤炭的社区叫博里纳日（Borinage），梵高以个人传教士的身份到了这个贫穷的社区。

煤矿工人从来没有看过这样的牧师，没有雪白的领子，没有庄严的黑袍，没有优雅的手指拿着圣经，站在圣诗班优雅庄严的合唱声中。

梵高在博里纳日看到赤贫的煤矿工人，每天要乘坐笼筐，垂吊到地下几百公尺深的矿坑里去，呼吸污浊满是煤屑的烟尘，在郁闷黑暗高热的地底工作，随时有矿坑崩塌被活埋或压伤的危险。

一八七九年四月写给弟弟提奥的信中叙述他去了博里纳日地区最老的一个矿区马卡斯（Marcasse），他在那里看到了最惨绝人寰的景象，下到最危险、设备简陋的坑洞下面六个小时，梵高经历着每一个矿工每一天所要面临的窒息苦闷如地狱的空间——“有毒的空气，瓦斯爆炸，渗水，坑洞崩塌——”。

梵高描述了自己身历其境的死亡与灾难的焦虑，他使自己彻底变成了当地矿工。

他忘了自己只是“牧师”，他看到受苦，他要救赎苦难！

在同一封信里他描写了这些矿工：

“大部分矿工单薄瘦弱，苍白，发着热病。他们精疲力竭，还很年轻就已衰老了。”

梵高的这封信是十九世纪末劳工被压迫受剥削的控诉状，可惜，通常这样逼真的现场报道并不常被用来解读资本主义的社会现实，却只被用来作为一名画家传奇生活的一部分。

梵高的生活并不传奇，他生活在穷人之间，他立志要比穷苦人更穷苦，如果自己高高在上，便不配向穷苦者宣讲基督的福音。

梵高画了一些素描，记录了矿工生活的景象，炭笔正是如同坑底的黑煤，粗犷有力的线条，画出如岩石一般巨大、沉重、坚定的身躯，他们手持十字镐或铁铲，埋头于辛劳的工作，或负载沉重的煤，身体被沉重的负荷压弯，梵高记录下在最艰困生活中人类存活的顽强意志。

梵高描述了矿灾后工人幸存的惊惶，彻夜做着噩梦，一间屋子挤满了受伤的工人，没有医生，伤患彼此包扎照顾伤患，一个矿工的妻子跟梵高说：穷人只有穷人是朋友。

写这封信时，梵高的爸爸到博里纳日探望儿子，梵高正在替伤患裹伤，裹完伤为

Vincent

**旧屋拆除大拍卖 1885**

37.9 × 55.3 厘米，水彩画。

他们祈祷，父亲几乎认不出自己的儿子，他说："他完全像一名矿工。"

这是苦读神学渴求成为基督仆人的梵高一八七九年春天的故事。

同样作为牧师，布道者的父亲"几乎认不出自己的儿子"，同样作为基督信徒的教会，对梵高的行为大为不满，教会要维持高高在上的体面，他们不愿意看到不像"牧师"的牧师，牧师怎么可以贫穷、邋遢、衣衫褴褛？

布鲁塞尔的福音学校对这样一名"离经叛道"的牧师感到头痛，把他从博里纳日再调派到更偏远的瓦斯姆（Wasmes）矿区，梵高持续他布道的狂热，没有任何抱怨，沉浸在他为穷苦人寻找救赎的快乐与兴奋里。

他有时稍稍静下来，看着煤烟中荒凉的风景，叶子都已被煤烟烤炙焦秃的枯树枝，灰暗中流动着光，他想起伦勃朗的画，伦勃朗的画总是在最深沉暗郁的墨黑中堆叠明亮的光。

生命的光必然在黑暗最深处发亮吗？

他无法理解，整个教会都以他为笑柄，不齿他的布道方式。

一八七九年七月，他聘约期满，没有接获续聘，等于被教会驱逐。

苦读神的话语，苦行神的训示，梵高，却被教会驱逐，他的生命到了关键的时刻。

# 社会主义的时代浪潮

十九世纪后半叶，由于欧洲工业革命以后造成的劳工与资本家之间的尖锐对立，形成广义社会主义的思潮，也直接影响到一八七一年第一个工人阶级的革命行动。

梵高在十九世纪七十年代后不断靠近穷困受压迫的工人与农民，在绘画中表现人在压迫中的顽强意志，与同一时间的社会主义浪潮有密切关系。

欧洲当时倾向于同情受压迫者的知识分子为数不少，文学上，雨果的《悲惨世界》、左拉的系列小说，都有强烈的左翼倾向，也直接影响到梵高的社会思想。

画家中在十九世纪四十年代就出现了以描写工人与农民的写实主义，库尔贝（Courbet）的《打石工人》，米勒的《拾穗》及所有农民绘画，杜米埃（Daumier）的版画在街头张贴呼吁社会革命，都成为梵高成长中重要的精神食粮，梵高也亲眼看到画家库尔贝、莫奈，直接参与一八七一年的巴黎公社，站在工农阶级一方，对抗政

**饭前祈祷 1882**

60×50 厘米，私人收藏。
梵高早期画作以简单炭笔摹描笔触画出劳动者的沉着、尊严、顽强。

府的压迫。

社会主义的浪潮也包括无政府主义（Anarchism）的布勒东（Jules Breton）、毕沙罗（Pissarro）、西涅克（Signac）等后来与梵高相识的印象派画家。

梵高在一八八五年之前，绘画的主要主题是煤矿工人、纺织工人、贫穷农民的劳动，或从米勒画中获得启发的《播种》等，一直到一八八五年著名的《吃马铃薯的人》，都明显以穷苦者与劳动者为对象，甚至试图从正面给予这些劳苦者一种近似宗教的庄严与崇高，这正是十九世纪后半叶欧洲普遍觉醒的知识分子共同的思潮理念。

**绿头巾农妇 1885**

38.0×28.5 厘米，荷兰库拉 · 穆勒梵高美术馆藏。
梵高摆脱了繁复的油画技巧，以最质朴的方式还原了工人或农民的原貌。

社会主义艺术家的作品，大方向相同，都取材自农民或工人，但处理方式各有特色，库尔贝强调朴实自然的生活，米勒的农村其实是田园化的风景诗歌，他的《晚祷》《拾穗》充满宗教庄严的和谐，减少了农民受压迫的痛苦，其实看不到任何阶级矛盾的尖锐性；杜米埃的版画最具批判性，也使他的作品直接上了街头，他甚至拒绝艺术成为美术馆、画廊中产阶级的宠物。

**农舍与掘地的妇人 1885**

毕沙罗信仰无政府主义，他的小镇风景却宁谧详和，好像是田园诗人最后固守的乌托邦。

梵高很赞赏布勒东以农民劳动为主题的画作，但是布勒东其实受学院古典的唯美框架限制太深。

综观整个十九世纪后期，以简单的炭笔素描笔触画出劳动者的沉着、尊严、顽强，梵高可能是这一巨大的社会主义浪潮美学中最具深度的一位。

他的炭笔素描画出了人的生存重量，他们走过荒凉的矿区，他们家徒四壁，一无所有，埋头在深沉的无奈中，生活困顿，陷入绝境，没有任何希望，却仍挣扎求活，梵高的素描记录了他们，这些素描是十九世纪以来欧洲最动人的人性记录。

许多人受传统观念的囿限，认为油画才是艺术正统，却忽略了梵高正是摆脱了繁复的油画技巧，才能够以最质朴真实的方式还原了工人或农民的原貌。

法国社会主义倾向的艺术家多多少少有学院古典的羁绊，并不纯粹，社会主义美学必须在梵高一八八五年以前的素描作品中看到成熟的典范。

同一时期的作品，梵高素描的矿工农民，美学价值绝不逊色于油画《吃马铃薯的人》。

梵高并不是科班出身的画家，他二十七岁起步画画时，作品常被其他画家嘲笑，甚至劝他不要走绘画这条路。

画家嘲笑想做画家的梵高，牧师嘲笑想做牧师的梵高。

被世俗嘲笑，梵高因此没有任何顾忌，他可以在讲坛上以自己最深的信仰说基督要他说的话；他也可以在空白的画布上以自己最深的狂热完成生命淋漓尽致的挥洒。

## 忧愁与绝望

一八八〇年，在被教会驱逐之后，梵高重新把沮丧痛苦的情感转移到绘画上。

他整理了不少以矿工为题材的绘画，并不太在意材料，有些是炭笔素描，有些是铅笔画或水彩加蘸水笔。

矿工被身上沉重的煤压弯了腰，手上拿着挖煤的铲子，刚刚从深黝地狱般的地洞上出来，面目黧黑，像呆滞的雕像，在荒凉的大地上列队走过。

梵高笔下的矿工不像活着的生命，像是一种化石，像他们挖的煤，黑黑的，也是树木的化石，看起来没有生命，却蕴含着看不见的可以燃烧成熊熊火焰的隐藏的能量。

梵高接触了一些画家，这些画家劝他从基本的透视法、比例、人体解剖开始，他们也批评梵高的煤矿工人作品人体比例不对。

**哭泣的老人 1882**

荷兰库拉·穆勒梵高美术馆藏。

梵高虚心受教，他也知道自己画得还不够好，但是，他同时也怀疑学院派的比例、构图，因为没有人比他更了解煤矿工人。他自己下过矿坑，长时间的重劳动，他知道矿工的身体经年累月被压得喘不过气，已经不再是正常人的比例，在学院里优雅地面对着身材五官姣好的模特儿的画家，不会知道矿工的身体比例与解剖都已被扭曲。

梵高逐渐发现了美术学院的虚假作为，如同神学院一样，神学院谈论“神”，却远离了神；美术学院谈论“美”，却远离了美。

梵高的人像画关心每一个具体存在的人，煤矿工人、纺织工人、农夫，他们在生活的艰难穷困中磨练出一种如同雕像的深沉力量，梵高被那活生生的存活意志力震撼，他要留下那生命的庄严。

梵高这一时期的单一人体即传达出强大的力量，一八八二年的一张素描作品《哭泣的老人》，一名秃发的男子坐在椅子上，双手捂住面孔，沉埋在不可知的绝望之中。这张素描没有故事性，没有背景，不像同一时间许多社会批判的画家着重在事件的控诉，梵高更关心人的绝望本身，这是一个受苦的具体的生命，梵高把画面推到我们面前，引发我们的关心、悲悯，不管是什么原因，我可以无视一个人如此的受苦吗？

同一时间的许多梵高素描都以类似孤独坐着的人物表达生命里陷入困境的忧伤、疲倦、沮丧或绝望。

他从颇有点名气的表亲画家安东·莫夫（Anton Mauve）那里受到一些技巧的指导，开始画一些油画的基础静物，但是，他对绘画纯技巧的关心显然不够，他也画不好石膏像，也许他没有办法关心没有生命的石膏像，如同他没有办法对没有生命徒具外表的漂亮模特儿感兴趣。

梵高要的是真实的人，是在生活中困顿、痛苦、有忧伤有欢乐、有爱有恨的具体生命。他认识了一生中影响他最深的一个女人西恩。

西恩原名是克拉西娜·玛莉亚·胡妮克（Clasina Maria Hoornik），“西恩”是她做妓女接客用的名字。

比梵高大五岁，西恩的母亲就靠卖身维生，她自己也从十六岁开始在海牙街上拉客，生了五个孩子，认识梵高的时候肚子里还怀着一个孩子。每一个孩子的父亲都不知道是谁。梵高看着这个女人，看着围绕在这个人身边要靠母亲不断接客来养活的一堆孩子。

梵高看过在辛苦的劳动里被压得喘不过气的煤矿工人、眼神呆滞的纺织工人，以及田地里卑苦的农民，但他第一次这样凝视一个彻底绝望的女人，从肉体到灵魂一无救赎可能的女人。

梵高可以救赎这个女人吗？

在煤矿社区梵高试图把自己所有的衣服、食物分给那些劳苦终日不能温饱的矿工。

他用上帝的话来布道，跟陷在死亡焦虑与生活困境中的人宣讲神的救赎。

而此刻，他被教会驱逐，他面对着一个彻底放弃自己救赎可能的女人，一个被世俗鄙夷、被道德不齿的女人。她有被救赎的可能吗？这个女人只想到下一顿饭在哪里解决，只想到一堆嗷嗷待哺的孩子如何喂饱。

“救赎”对这样一个不断靠卖身度日的女人来说是否太深奥了？

梵高请西恩做模特儿，付钱贴补西恩家用，他画了很多西恩的素描，一八八二年，一张西恩的素描印成了石版画，西恩全身赤裸，侧坐，双手伏在腿上，头埋在手臂中，

**泥煤田中的两个农妇 1883**

27.5×36.5 厘米
荷兰阿姆斯特丹梵高美术馆藏。

好像不想再多看世界一眼，也似乎不愿意被别人看到，她的乳房垂挂在胸前，肚腹隆起，显然怀有身孕，相对于臃肿的躯体，四肢显得有点枯瘦。梵高用粗犷简洁的线条勾勒了一个女人苍白的裸体，他要画的不是学院派的唯美，这个女人一点也不唯美，她饱受饥饿、屈辱、蹂躏，肉体与心灵都憔悴疲惫，梵高在素描的女人脚下写了“忧愁”（Sorrow）这个词。

欧洲艺术在绘画上题字的例子不多，日耳曼画家丢勒（A·Durer）曾经以“忧愁”为主题制作版画，梵高似乎更明显要告知看画的人，他画的不是华美的裸体，他要人们逼视肉体的巨大悲哀与绝望。

梵高和西恩同居了，担负起几个孩子的生活供给，付医疗费让西恩生下腹中的婴儿。海牙城市中窃窃私语，一个做过牧师的画家，与一名妓女同居。梵高的父亲、母亲、家人、教会的旧识都不齿他的行为。梵高仿佛要对抗整个虚假的世俗社会。圣经上不是明明记录着耶稣曾经当众宽恕一名妓女吗？为什么这些自命虔诚的基督徒无法关心真实生活中的一名妓女？

梵高的救赎如此真实，真实到使现实中的人害怕，一生以基督训示布道的父亲，作为尽职的牧师，却无法理解自己的儿子在身体力行实践神的话语。

梵高决定不顾一切，与西恩结婚，这时连一向支持他的弟弟提奥也赶来劝阻。

梵高真爱西恩吗？

许多梵高的传记夸张着这一幕爱情的浪漫传奇，但是再把梵高画的西恩的裸体拿来对比，梵高对西恩的爱或许没有丝毫唯美浪漫之处，梵高或许也并不是爱西恩，而是爱上了他自己救赎的狂热，那狂热使他高烧，使他悖离世俗遵守的一切规则，使他

**忧愁（Sorrow）1882**

44.5 × 27 厘米，英国沃尔李艺术画廊藏。这个女人一点也不唯美，她饱受饥饿、屈辱、蹂躏，肉体与心灵都憔悴疲惫，梵高在素描的女人脚下写了“忧愁”（Sorrow）这个词。

相信一种执着，可以背叛全世界的指责，孤独走向救赎的受苦之路。

梵高安排了温暖的家，把西恩和孩子接到家中，梦想着救赎的美丽结局。

但是，西恩又跑去街上接客了。

梵高看不到“救赎”，救赎或许并不是在乞丐的碗里丢一枚硬币，“救赎”是更艰难的功课，救赎是每一个生命无时无刻不能回避的人性里堕落或残酷的本质。

梵高救赎的梦在西恩身上只是一个待续的破折号，梵高救赎的最终句点是一八九〇年七月二十七日在麦田中对着自己胸口开的一枪，他的救赎之梦在死亡中烟消云散。

西恩事件只是使梵高更具体去凝视生活，生活到底可以悲苦、难堪、荒谬到什么地步？他回到父母家，忍受邻人的指指点点，一个名声败坏的牧师的儿子，在保守的农村无所逃于天地之间，无所逃于世俗道德的批判。

梵高孤独地在 Nuenen 的村落田野行走，长时间看农民弯腰锄土，他长时间看织布工人坐在纺织机前面容麻木地劳动，那些穿梭来往的经纬线像是把生命织进时间的网里去。他走过黄昏后的村庄，看到方才在田中挖马铃薯的一家人，正围坐在昏暗的油灯下，围坐在方桌四周，粗大骨节的手，传递马铃薯，粗大骨节的手，提着铜壶，正在倒黑咖啡。

一八八五年《吃马铃薯的人》是梵高面对工人与农民生活的一个总结，他画油画色调仍然深沉郁暗，笔触滞重苦涩，好像背负着太多忧愁与悲苦，他看不到任何救赎的希望。

**拾穗的农妇 1885**

38×28.5 厘米，德国埃森福克旺博物馆藏。
梵高以粗犷简洁的笔触勾画出十九世纪下半叶受尽压迫剥削的农民辛苦沉重的体态。

梵高的救赎之路似乎走到了尽头，看不到希望，他的救赎的梦里都是矿工、农民、织布工、妓女，所有低卑的陷在生活困境中的人们，但他或许始终没有正视过自己。一八八六年初，在一切救赎的巨大幻灭中，他向弟弟提奥呼救，他要去巴黎，他要追求另一种形式的救赎，把自己彻底燃烧起来。

一八八六年二月是梵高一生最大的关键，他到了巴黎，印象派之后所有亮烈的色

**把犁者和种马铃薯的人 1884**

70×170 厘米，布面油画。

彩光线一下子驱走了他生命中所有的苦闷与绝望，三十三岁的梵高画了一张自画像，在镜子里凝视自己。

他的救赎一直是农民、工人，第一次回到了凝视自己。也许是因为逃避自己才不断去救赎他人，梵高的生命只剩短短的四年，他不再逃避，他凝视自己的疯狂，凝视自己的爱与恨，凝视自己生与死的焦虑，真正的梵高才刚起步。

**背重者 1882**

32×50 厘米，荷兰库拉 · 穆勒梵高美术馆藏。
梵高早期画作中多是被重劳动压得弯腰驼背的农民。

**织布工 1884**

67.7×93.2 厘米，德国慕尼黑现代绘画陈列馆藏。
梵高长时间看织布工人坐在纺织机前面容麻木地劳动，那些穿梭来往的经纬线像是把生命织进时间的网里去。

## 巴黎，一八八六明亮起来的梵高

一八八六年，梵高在陷入人生最沮丧低潮时，受到弟弟提奥的召唤，到了巴黎。

提奥当时已是古匹·喜画廊巴黎分公司的店长，生活稳定，可以供给梵高基本生活，更重要的是，提奥在巴黎已经与多位印象派画家来往，他把这些画家一一介绍给梵高，使梵高在短短的时间从前期阴郁沉黯的画风一变而为明亮鲜艳。巴黎，像一道光，使梵高整个生命色彩丰富起来。

生于一八四〇年前后的一批画家，如莫奈、雷诺阿、德加（Degas）共同在十九世纪七十年代创造了新的艺术革命。

这个革命反映了工业化、城市化的主题，画家乘坐蒸汽机发动的火车，到户外写生，感受到自然阳光的瞬息万变，户外的光照亮了色彩，新的交通工具带来速度的亢奋。

**戴毡帽的自画像 1886**

41.5 × 32.5 厘米，荷兰阿姆斯特丹梵高美术馆藏。梵高最早期的自画像。

这些画家相约坐火车到塞纳河沿岸的风景区写生，他们反对传统学院在画室里营造虚假的照明，他们要在大自然的光线里解放色彩。

这些画家表现当代人的生活，繁华都会的新建公寓，公园草地上度假的男女，社交场所里谈笑风生的中产阶级，剧院、咖啡厅、啤酒屋里欢笑歌舞的群众……

这些画家反对学院派一再重复绘画古希腊罗马那些陈腐伪装的神话历史故事，他们要表现自己，自己的时代，自己的城市，自己的科技工业，自己的时尚与美。

这些画家以马奈（E. Manet）为首，形成了团体，常常在咖啡厅聚集，抨击主流艺术的死板形式，提倡全新形式的绘画革命。

这些画家一直到十九世纪七十年代，过了三十岁，但在国家主导操控的沙龙美术大展中屡次落选，到了一八七四年，关键性的一年，他们终于决定对抗主流，自己主办了“落选展”，有意与官方主流的“入选展”分庭抗礼。

一八七四年的“落选展”引起大众注意，因为其中一幅莫奈画的《日出・印象》（*Impression，soleil levant*）被媒体嘲讽为“印象派”（Impressionism），因此诞生了西方艺术史上影响力最大的一个流派——印象主义。

梵高一八八六年到巴黎的时候，印象派已经有十二年的历史，印象派的画家已经举办了好几次联展，梵高的弟弟提奥对印象派非常支持，经手买卖了不少印象派的画，但是印象派还在革命初期，艺术经纪公司并不认为印象派作品一定有增值空间，提奥的眼光与方向也常受到公司指责质疑。

梵高初到巴黎，透过提奥，接触到印象派的画，他精神上的悒郁晦暗一扫而空，梵高初到巴黎的作品明显看到是摹仿印象派的色彩与笔触。

印象派其实并不只是一种技巧，印象派正是工业化城市化以后中产阶级对未来生活的美丽憧憬的歌颂。

雷诺阿的画里都是衣着讲究的绅士淑女，在剧院看戏，在舞厅跳舞，在家中弹琴阅读……雷诺阿的绘画正反映了富有初期巴黎中产阶级的优雅教养与时尚之美。

莫奈画喷着浓烟的火车，画海滨度假的城市中产阶级，他们走在明亮的阳光中，明亮的阳光是印象派的色彩技巧，却也更是工业初期中产阶级愉悦与幸福的心事。

从这个角度来看，一八八六年以前如此深沉为农民、煤矿工人、过气妓女寻找救赎的梵高，为何会突然投入中产阶级美学的印象派?

不能解开这个疑点，草率把梵高拉进印象派也许是极大的错误。

从历史上来看，一八七四年成立的印象派，到了一八八六年恰好是分裂的开始。

严格来说，印象派从一八七四年开始，到一八八六年结束，只有十二年的历史。

一八八六年，由于修拉、西涅克、毕沙罗的点描技法出现，被当时最具慧眼的艺评家费内翁（F. Fénéon）看到，宣称前期印象派已经结束，费内翁给一八八六年崛起的新艺术一个新的名称——“新印象派”（Neo-impressionism）。

新印象派当然所指也不只是技法，而是一群活动在蒙马特区（Montmartre）游离于城市边缘地带的画家，他们大多带有波希米亚式的反中产阶级性格。

毕沙罗一直是印象派的忠实成员，与莫奈、雷诺阿、德加应是同一代的画家，但

塞纳河上的桥梁 1887

巴黎风光 1887

他信守无政府主义，他的点描画风的作品多以小市镇小农庄为主题，仿佛在看到城市大资本工业的霸占性与吞噬性后，毕沙罗更坚持退守在小农经济的田园素朴之中。

毕沙罗与他的儿子吕席安（Lucian）都是梵高一八八六年到巴黎最亲密的朋友。

梵高在蒙马特区来往最深的唐基老爹（père Tanguy）是一八七一年巴黎公社工业革命起义的参与者，幸免于难，成为一批穷画家的朋友，他的名言是："一个人一天花半法郎生活费，就是混蛋！"他与梵高最要好，正是因为梵高每一天的花用都不会超过半法郎。

这些在蒙马特朝夕相处的画家，关心的不只是画画，他们关心生命的价值，他们住在城市边缘，与他们来往的是劳工、小偷、扒手、妓女，他们知道"边缘"存在的意义，"边缘"正是为了要制衡"中心"与"主流"。

梵高在科尔蒙（Cormon）画室最要好的朋友是图卢兹·罗特列克（Toulouse-Lautrec），一个贵族的后裔，身体残疾，因此混在红磨坊的妓女群中，他在背叛自己的贵族出身。

梵高最好的朋友高更（Gauguin）原来是股票商人，生活富裕，有妻有子，却烦厌了中产阶级生活，抛家别子，跑到偏僻的布列塔尼（Bretagne）画画，最终背弃繁华的巴黎，到边远的南太平洋大溪地岛寻求生命回归自然原始的意义。

一八八六年，梵高认识了这一群人，共同梦想着人类合理的生活，共同对抗着城市中产阶级的腐化，共同以艺术的形式提出新的生活主张。

他们其实都是城市的背叛者，他们最终都离开了巴黎。

**巴黎的煎饼磨坊 1886**

38.5×46 厘米，荷兰阿姆斯特丹梵高美术馆藏。

塞尚（Cèzanne）曾经参与了印象派第一次大展，却因为坚持自己理念的追寻，在巴黎始终默默无名，塞尚不会趋附主流，不会媚俗，他孤独回到南方家乡，完成一种坚持。

塞尚、高更、修拉、毕沙罗、西涅克、图卢兹·罗特列克，这些活动于当时蒙马特区的画家，加上新自荷兰到巴黎的梵高，他们共同形成了一个新的美学趋势，他们对抗城市化、工业化，他们对抗主流，对抗媚俗，他们在边缘的生命中寻找尊严与美，塞尚最终歌颂了偏远南方普罗旺斯的沉静风景与人物，图卢兹·罗特列克使城市繁华背后从事性劳动的女性受到了关注，高更在白种人殖民的盛世反过来歌颂了被殖民的大溪地原始土著，梵高，用自己对抗精神疾病的强烈挣扎活出了一般“正常人”望尘莫及的热烈生命。

这些画家不只是绘画动人，更动人的是他们自己生命的美学形式。

生命的美学是活出独特的自我，并不只是画画。

当时这一群游离于主流价值之外的艺术家，穷困、潦倒，被世俗视为疯子、无赖、悖德者，简直像街头游民一样。

但是少数人在他们的创作里看到了新的美学在形成，一八八六年，他们的展览受到了注意，敏锐的评论家费内翁概括地把他们归之为“后印象派”（Post Impressionism），他们结束了前期印象派的唯美、乐观、主流意识，他们共同走向更边缘也更深沉的人性领域，费内翁认为这个现象是一八八六年后改写印象主义的一种共同现象，因此称为“后印象派”。

**蒙马特的风车 1886**

45.4×37.5 厘米，荷兰阿姆斯特丹梵高美术馆藏。

RESTAURANT DE LA SIREN

餐馆内部 1887

餐馆 1887

## 一八八七，梵高的新阶段

一般人都注意到梵高一八八六年抵达巴黎之后画风的明显改变。

梵高的画亮起来了，他受印象派影响，开始注意到光与色彩的关系，光线的明与暗直接影响到色彩的亮度饱和，同样的黄或红，在不同的光线亮度下，饱和程度不同，自然形成色温的变化。

印象派追求自然阳光的高明度效果，使色彩饱和起来，颠覆了传统西方学院派的沉黯色彩。

除了色彩以外，梵高的巴黎时期更明显的是笔触的改变。

一八八六年以前，梵高的笔触比较粗犷，常常是大笔触，笔触在画面上的一致性也比较少。

一八八六年，梵高到巴黎时，正是毕沙罗与修拉等人在实验“点描技法”（Pointlist）的时候，他们试图把色块分解成更细的色点，修拉是用一粒一粒如同绿豆一般的小点来组成画面，不同色度、不同色温的小点，繁复组合成视觉上的迷离效果。色彩被分析，被分解，仿佛是色彩最本质的元素被找到了，并用科学的方法重新组合排列。

毕沙罗的“点描”略有不同，是短而细的小笔触，横排或斜排，形成光点在色彩中流动的感觉。这种实验在前期印象派莫奈的画里就有过类似尝试，如他画的鲁昂教堂（Rouen）系列的光点实验。

毕沙罗把细小的笔触排列变得更形式化，更带着抒情的田园意味，毕沙罗个性温和，虽然是无政府主义的信徒，他的画里却看不到火药味的革命，而只是对小农社会的深情眷恋。

一八八七年，梵高巴黎时期最主要的一年，许多作品太明显是来自毕沙罗的影响。

梵高一八八七年的《蒙马特菜田》，全画中占三分之二画面的前景，几乎全部是用毕沙罗式的小笔触来完成，这些小笔触构成道路、房舍、菜田。这些小笔触，像是刺绣或纺织中的线，一根一根，排列整齐，依据着透视的结构，由近而远，形成画面繁复的组织。

梵高之前的画作情绪比较直接，巴黎时期他在点描的技法里似乎学习一种节制，一种理性的归纳，他不觉得自己是一个大画家，他到巴黎，变成一个科尔蒙画室的学

在塞纳河边散步 1887

生，谦逊的初学者，对毕沙罗这些前辈，充满尊敬，也帮助了他重新整理自己容易激动亢奋的情绪。

有学者特别指出，这一时期梵高的许多风景画并不纯然是风景，而是在批判工业化、城市化迫害掠夺小农土地的思想背景下的产物。

从事美术的人或许特别不容易发现艺术中的社会思想主导的力量。

但是十九世纪四十年代之后，米勒、库尔贝、杜米埃的画作就有强烈的社会意识，他们是有意在绘画中置放社会革命的呼唤。

到了一八七一年巴黎公社的崛起，许多画家都具体参与了街头运动，公社革命虽然失败，却在这一群充满改革热情的画家身上产生了巨大影响。

毕沙罗坚持画小镇农村是他社会意识的选择，作为无政府主义忠实信徒的他，也自然把他信守的理念传达给梵高。梵高本来就有深刻对低卑农民与工人的同情，宗教的救赎失败，他转而与毕沙罗这一类画家信仰一致，采取用绘画来救赎。

梵高在一八八七年画自己住的蒙马特区，隔着克里希（Clichy）码头，遥望塞纳河岸边的农村土地逐渐废耕，被大企业收购，新的工厂改变了原有农村的风景，一支一支巨大的工厂烟囱冒出黑烟。

这样的风景其实在莫奈一类前期印象派的画中也出现过，但是，莫奈画火车，画工厂，是以欢喜兴奋的心情赞美工业化的来临，工业化对莫奈而言是“现代化”的同义词。

毕沙罗、梵高的看法不同，他们忧虑着农村土地改变为工厂之后农民的何去何从，他们对工业化的内容有疑虑，他们甚至更清楚看到了工业化之后城市边缘无家可归的农民变成了打零工的劳动者，劳苦终日，一无所得。

从社会意识来看，梵高一八八七年的巴黎画作在颜色亮丽的转变中隐含着社会转型的焦虑。

因此，他似乎有意在

**蒙马特附近的巴黎郊区 1887**

画面前景安排大片的荒地，一种隔离，一种疏远，工厂林立，烟囱冒着烟，但是并没有莫奈画中歌颂工业的快乐，却是以单一的细小笔触使废耕后的土地呈现出一种荒凉。

后期印象派大多在观看繁华中的荒凉，他们注视的不再是莫奈、雷诺阿笔下都市的华美明亮喜悦，他们深沉透视城市繁华背后不可言传的荒凉本质。

巴黎时期，梵高比较使人感到温暖的作品其实是他以小酒馆、小餐厅为主题的画作。

蒙马特公园入口 1887

蒙马特的向日葵 1887

**蒙马特菜田 1887**

96×120 厘米，荷兰阿姆斯特丹现代艺术博物馆藏。
梵高初到巴黎，受点描画派影响，以细小的色点描写城市附近的风景。这幅画深受毕沙罗的影响。

**从蒙马特克里希看阿尔涅工厂 1887**

54 × 72 厘米，美国圣路易斯艺术博物馆藏。
梵高画自己住的蒙马特区，新的工厂改变了原有农村的风景，一支一支巨大的工厂烟囱冒出黑烟。

**林下 1887**

46 × 38 厘米，荷兰阿姆斯特丹梵高美术馆藏。

**林下 1887**

55.5×46.5 厘米，荷兰阿姆斯特丹梵高美术馆藏。

蒙马特在巴黎北方，“蒙”（Mont）是“山丘”的意思，“马特”（Martre）是纪念此地的一些殉教烈士。

这一区域，不仅位置在巴黎边缘，在社会阶层上，大多是吉普赛游民、偷渡者、扒手小偷、妓女混杂的地区。

初到巴黎的劳工也都集聚在蒙马特，因为房租便宜，生活费比较低。

一些未成名的落魄艺术家也都以蒙马特为据点，梵高、图卢兹·罗特列克、修拉都住在蒙马特，一直到一九〇〇年，刚从西班牙到巴黎闯天下的毕加索也住在蒙马特，成名之后，当然就离开了这个区域。

蒙马特有独特的生活魅力，生活在穷困却充满梦想的社区，处处流动着人的顽强生存力量。

梵高最重要的朋友唐基老爹就是典型的例子。一个一八七一年巴黎公社的老革命者，幸存下来，充满对资产阶级的鄙视，在蒙马特经营一间画具店，常常赊画布颜料给穷画家，为了接济穷画家，不断跟老婆吵架。

唐基老爹，每一个蒙马特的穷画家都尊称他一声“老爹”（pére），因为他关心人，关心在挫折与困顿中的人，他鼓励梵高要画下去，要为自己的梦想奋斗。

巴黎是一个可以使人以梦想自豪的地方，贫穷、潦倒、落魄，都不可耻，失落了梦想才是最大的悲哀。

在梵高的画中，“唐基老爹”是一个温和可爱的人，穿着蓝布衫，戴着帽子，双手交握在前面，像是一个善解人意的邻居长辈。

桀骜不驯、愤世嫉俗的画家都在他身边围绕，他的店里兼卖日本浮世绘版画，

**唐基老爹肖像 1887**

65×51 厘米，法国巴黎罗丹博物馆藏。
这是梵高同年创作的另一幅《唐基老爹》，与头顶富士山那一幅略有不同。

这些当时价格低廉的日本民间版画也经常是唐基老爹和他身边画家共同闲聊的艺术话题。

他们生活贫穷，但不贫乏，他们甚至比富人更享有丰富的生命，因为他们自始至终以拥有梦想为荣。

他们缔造了多彩多姿的蒙马特文化，他们使整个巴黎不会堕入资产阶级的腐化与单调。

梵高这一时期的人物画很直接，好像是一种摄影记录，一八八六年之前，他画矿工，画农民，画绝望中的男人女人，好像在为他们控诉生活的压力；但是，到了巴黎，他认识了城市边缘的小资产者，“唐基老爹”，或者一个小餐馆的老板娘赛佳托丽（Segatori），这些人不是矿工或农民，他们生活并不富裕。唐基老爹有一个画具店，赛佳托丽有一间小餐厅，他们是小资产者，他们对穷困的艺术家很和善，把他们当朋友，照顾他们的生活，鼓励或帮助他们在困顿中继续保有创作的热情。

梵高脱离了工人农民沉重的悲哀，看到城市小市民小资产者的自由与喜悦。

《唐基老爹》的画像头顶是一张日本富士山的版画，这些一生没有离开巴黎的小市民，却在精神上有广阔世界的梦想。

是这些人的梦想使梵高的画亮了起来。

赛佳托丽是蒙马特“铃鼓酒馆”的老板娘，看起来有点南欧吉普赛的血统，她的小酒馆不是什么高级餐厅，落魄的艺术家、工人都可能在这里喝一杯啤酒，吃一点简餐，消费不高，餐厅的主人却每天要周旋于三教九流之间。这种小酒馆老板娘常常有奇特的魅力，豪爽、好客、不拘细节，或者很懂得来买醉的男人们落魄的心事。

**铃鼓酒馆的老板娘 1887**

55.5×46.5 厘米，荷兰库拉·穆勒梵高美术馆藏。赛佳托丽是蒙马特铃鼓酒馆的老板娘，她的小酒馆不是什么高级餐厅，落魄的艺术家、工人都可能在这里喝一杯啤酒，吃一点简餐。

**坐在铃鼓酒馆里的女子 1887**

——

55×46 厘米，布面油画。

梵高笔下的酒店老板娘，梳着一头赤红的高发髻，这种头发好像是蒙马特很多欢场女人的标志，图卢兹·罗特列克笔下《红磨坊》的女人就多是染着一头赤红头发。

老板娘坐在自己的店里，她的餐厅常常借给画家展出作品，梵高在这里展示过收藏的日本浮世绘版画。这件作品背后还隐约可以看到悬挂在墙上的浮世绘作品。

老板娘双手交握胸前，梵高人物画中的姿态常常如此，好像不习惯被画，有一点点手足无措，她面前的小圆桌上有一杯咖啡、一杯啤酒，手里夹着一支烟。

很多传记里认为梵高一八八七年曾经与铃鼓酒馆的老板娘有过恋情。

梵高被夸张的恋爱也许并不真实，他同居过的西恩是相濡以沫的过气妓女，他与酒馆老板娘的关系也更像可以彼此倾吐心事、拍肩搭背的好哥儿们。

在城市边缘存活的“唐基老爹”或“酒馆老板娘”都自有他们的沧桑，也自有他们善解人意的温暖，初到巴黎，梵高就在他们身上感觉到了大都会边缘人可以相互靠近扶持的快乐吧。

唐基老爹常常为了接济这些穷画家朋友，被老婆骂到臭头，高更就讽刺这老婆像苏格拉底著名的悍妻，梵高也与她多次冲突，许多传记把唐基的妻子嘲讽为悭吝刻薄的女人，或许，她只是务实的妻子，知道唐基老爹自己也没钱，一大堆穷画家又吃又喝又拿，自然会抱怨。

这些琐碎的生活现实都隐藏在一八八七年梵高的人物画背后，唐基老爹慷慨、和善，有老革命者的豁达，酒馆老板娘有她混在一群怪异艺术家中间的倾听心事的能力。

梵高书写了他初到巴黎的喜悦，暂忘了沉重的生活悲苦。

## 日本浮世绘——异文化的向往

梵高收集了一些浮世绘版画，感受到成为大都会之后的巴黎各种异国文化交错包容的丰富性。前期印象派的马奈、莫奈，都曾经着迷于收藏日本浮世绘，对于遥远陌生东方不同的色彩、不同的透视结构、不同的文化景观，充满了好奇，也充满了幻想。

日本浮世绘只是形成大都会（Metroplitan）的巴黎包容各种异类文化的一个表征，事实上同一个时间，来自中国、泰国、东埔寨、越南的东方音乐、建筑、美术、文学、戏剧——成为新的巴黎时尚。罗丹的笔下勾勒出高棉舞者，德彪西的音乐中出现印尼甘美兰乐曲（Gamelan）风格，都只说明着一个“大都会”文化从单一主流走向多元包容的必然过程，再晚一点，来到巴黎的毕加索就从非洲的土著艺术发展了他的立体派（Cubism）。

**浮世绘仿作：开花的梅树**

55 × 46 厘米，荷兰阿姆斯特丹梵高美术馆藏。

梵高在阿姆斯特丹，在伦敦，应该都有机会接触到东方艺术，但是他要到了巴黎，在一群建立大都会多元世界观的知识分子中才真正认识到异族多元文化对自己的影响。

固守单一文化与地方性的本土偏见往往使创作的生命力受到局限。

工业化之后的大都会，在十九世纪，常常以世界博览会的形式打开多元文化视野。巴黎在十九世纪举办多次世界性博览会，以商业贸易的商展形式带动巴黎对多元文化的兴趣，也创造了艺术形式不断吸收异文化而产生的活力。

梵高不只收藏日本浮世绘版画，整理展出他的收藏，他也试图以西方油画的素材临摹这些日本版画。

浮世绘名家北斋（Hokusai）的作品，使梵高充满了幻想，那些绽放桃花、李花的东方的春天，不再是写实的风景，而是梵高在欧洲现实中受伤后心灵梦土上最大的慰藉。浮世绘版画的线条勾勒，浮世绘版画的平涂套色技法，都使他着迷。梵高不是西方学院美术科班训练出身，他没有学院派的偏见，因此也能自由地包容各种不同的视觉表达经验。

他甚至对这些浮世绘上以书法表现的东方汉字发生了好奇，不懂汉字或日文的梵高，却以视觉造型的好奇一笔一笔临写出像对联一般的汉字，这些稚拙的字体，却包含了梵高对东方书法线条认真的学习。油画笔不同于毛笔，油性颜料也不同于水墨，

《雨中大桥》（仿歌川广重）1887

但梵高的确掌握到了某种汉字结构的美，也掌握到了汉字书法中的点、横、竖、捺、挑……各种笔法的线条个性。

浮世绘名家的作品常常承袭了中国宋代文人画的优雅线条，同时又有民间版画的丰富色彩感，这两项元素对巴黎时期的梵高都是重要的启发，也使此后梵高的绘画兼具线条勾勒的准确以及灿烂色彩的迸放，在欧洲十九世纪末的艺术史上独树一帜。

日本浮世绘的风景有完全不同于西方焦点透视的结构，常常在画面中同时采取多元视点，可以仰观，可以俯看，可以左右浏览，这种东方特有的立轴或长卷形式的透视法在中国宋代形成，给予梵高极大的自由，使他从此可以不拘束于西方学院的焦点透视，可以海阔天空，创造出之后非常自由的田野、星空的主题，创造出画面开阔自由的作品。

浮世绘对梵高而言不仅仅是一种技法，一种美术形式，浮世绘像一个虚拟的乌托邦，一个使挫伤心灵找到休憩之地的桃花源。

梵高借着浮世绘，逃离了现实，逃离了他为之受苦的沉重社会，他使自己悠游于东方的梦土风景之中，那么宁静，那么优雅，那么华美迷离如梦一般的春天，那么灿烂的花的绽放，他把自己寄托到一个不可知的远方，那里，其实并不是真实的日本，也不是真实的东方，那里是他心灵救赎的原乡。

梵高一生都在寻找心灵的救赎，最初，他以为是在煤矿工人的社区，后来寻找到农民，又寻找到街头无助的妓女，在一切救赎之梦一一破灭之后，他找到了浮世绘中的世界，他梦想着要去日本，他告诉朋友，想到日本，出家做僧侣，把自己奉献给永恒之佛。

他仍在做着救赎之梦，但是日本太遥远了，他没有成行，他先去了法国南方的阿尔。

盛开的桃树 1888

## 阿尔，燃烧起来的心

梵高一八八八年二月二十日离开巴黎，到了法国南方的阿尔。总共他在巴黎停留的时间不满两年。

梵高在巴黎的时候认识了蒙马特的画家，认识到一群特立独行拥有自己个性的画家，他受到了启发，也得到了很大的鼓舞。

但是，无疑的，着迷于巴黎印象派点描画法的梵高，也掉入另一个危机中。一段时间，他在模仿印象派画家的写生风景（Arniére），几乎失去了自己的风格。

梵高在他人的阴影中焦虑起来，他强烈的自我在骚动，对他而言，印象派莫奈、雷诺阿都太甜美，连毕沙罗也太宁静，连修拉都太理性有节制了。梵高的热情必须如同火焰一般燃烧，他受不了在他人的框架中生活，他必须出走，从繁华却又有点虚假

**邮差约瑟·胡林 1888**

81.3×65.4 厘米，美国麻省波士顿美术馆藏。梵高在阿尔没有朋友，偶然一个友善的邮差胡林为他送信，攀谈起来，成为好友，并仿佛连接着一点他与外面世界的关系……

的巴黎出走，从灯红酒绿人性颓废的都市出走，他要出走到火焰一样燃烧的南方，寻找更狂野的土地，寻找更亮烈的色彩，寻找更挥霍的阳光，寻找更彪悍的山峦与大地，寻找更广阔的麦田与星空……

梵高出走了，寻找着他梦想的救赎，没有想到，会是阿尔，一个要与梵高的名字一同留在历史上的法国南方偏远小镇。

十九世纪末，城乡的差距很大，在大都会巴黎洗礼过的梵高重新回到保守的农村小镇。他一头赤红的头发，怪异而失常的神情，经常背着画架在田野中冲来冲去，凝视着阳光下的田地发呆。

阿尔的农民无法了解这个北方来的怪异画家，但是梵高一心一意要爱上阿尔，他的爱一向是一厢情愿的，他爱矿工，爱农民，爱穷困妓女，爱日本，都似乎只是梦幻中的爱，强烈激情却又完全虚拟……

梵高爱的或许只是他自己内在巨大的救赎渴望吧，像为信仰殉道的圣徒，他义无反顾，走向揭发他命运终点的阿尔。

他要在阿尔遗忘巴黎，遗忘印象派，遗忘太多外在的干扰，回到纯粹的自己。

他在阿尔，没有朋友，偶然一个友善的邮差胡林（Joseph Roulin）为他送信，攀谈起来，成为好友。

邮差仿佛连接着一点他与外面世界的关系，他写很长的信给在巴黎的弟弟，给高更，给毕沙罗，给贝尔纳（Bernard），给图卢兹·罗特列克……

梵高在阿尔的信频繁而优美，他在巨大的陌生世界窒息般的寂寞中疯狂写信，像是长篇的独白，诉说着他对风景的感动，诉说他对人物的观察。

他仿佛爱上了阿尔，其实，这种爱依然只是寂寞独白，并不是对话。

阿尔的人并不了解梵高，甚至害怕梵高，在他背后窃窃私语。

**阿尔医院 1889**

阿尔医院的庭院 1889

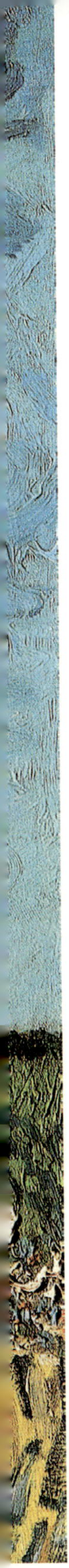

阿尔附近的小路 1888

阿利斯康林荫大道 1888

阿利斯康墓园 1888

**阿尔开花的果园 1889**

50.5×65 厘米，荷兰阿姆斯特丹梵高美术馆藏。

## 朗鲁瓦桥

他画阿尔的一座小吊桥，吊桥跨在小溪上，红砖的桥墩，桥边通常聚集着洗衣服的妇人，一碧如洗的南方的晴空，孤独的指向天空的丝柏，蓝色的天，蓝色倒映在水中。一切都荒凉而寂寞，梵高在阿尔热烈的风景中似乎在测试自己热情的温度，他强烈燃烧着，但没有任何回应，那些洗衣妇不会了解他，她们交头接耳，觉得来了一个荷兰疯子。

梵高在阿尔的风景里挤压着他致死的寂寞，他的热情像不可遏止的火焰，要把自己烧成灰烬。

土地、风景，对梵高而言，并不是赏心悦目的对象，土地、风景更像是一种宗教的救赎，他在阿尔时期仿作了写实主义画家米勒的《播种者》。

米勒歌颂农民、歌颂劳动，赋予土地一种宗教的意义。米勒一直是梵高心中敬仰的画家，也不断以米勒作品为主题进行临摹。

但是梵高对米勒作品的临摹不是形式技巧的模仿，而更近于精神上的启发。以《播种者》来看，梵高的仿作完全不同于米勒，他使人在大地上昂首阔步，一轮灿烂的初升的太阳自地平线上发出亮光，整个画面给人的感动不再只是米勒的农村与劳动主题，梵高使"播种"的意义提高成为一种象征，使人从土地、从黎明、从巨大的自然风景中重新找到了救赎的快乐。

阿尔时期，梵高对话的对象是大地、山峦，是翻飞的麦浪，是旋转的云与夜晚的星空。

他找到了独与天地精神往来的救赎自己的方法。

一八八八年在阿尔的风景画，通常把地平线提得很高，画面中前景几乎占三分之二以上的空间是一大片土地或麦田，地平线的远端是人居住的房舍、工厂、建筑物，而这些人为建筑在巨大完整的土地中显得微不足道。前一时期对工业化、城市化感到恐惧与压迫的梵高，似乎在阿尔的风景画里重新找回了对土地与自然的信念。

《麦田落日》是一八八八年风景画的典型，前景三分之二以大笔触和单一色系的褐黄处理翻飞的麦田，却把人为建筑推到很远。这种构图方式，使天空与大地形成一种单纯力量，人为的建筑似乎只是永恒天地之间短暂的、微不足道的存在。

梵高对永恒自然的敬拜从风景画里完全展现。

一八八八年的《耕地》，也是同样的构图，土地翻耕过，一块一块的黄赭土地，

## 朗鲁瓦桥 1888

49.5×64 厘米，德国科隆华拉夫理查兹博物馆藏。
梵高初到阿尔，画了当地的朗鲁瓦桥。

朗鲁瓦桥 1888

荷兰阿姆斯特丹梵高美术馆藏

等待着春耕后的播种，天空湛蓝，飘着几朵白云，地平线上隐隐在树林间有一些不起眼的房舍。

梵高的风景画转换了西方风景画中始终以“人”为主题的哲学，梵高使“自然”超越了“人”的力量，也许更近于东方，尤其是宋代山水的精神本质。

一八八八年五月，以鸢尾花为近景的一件风景画，同样把地平线提高，观赏者似乎在比较高的视点俯瞰大地，俯瞰的角度使人觉得像在拥抱风景。

**播种者 1888**

73.5×93 厘米

瑞士苏黎世比尔勒基金会收藏馆藏。

**耕地 1888**

72.5×92.5 厘米，荷兰阿姆斯特丹梵高美术馆藏。梵高从直接逼近的自然解脱了他在巴黎时期的点描技法，笔触不再那么细碎，阿尔的风与烈日，阿尔土地的浓重气息，植物的香郁……都混合起来成为他画面中的质感。

梵高从直接逼近的自然解脱了他在巴黎时期的点描技法，他的笔触不再那么细碎，阿尔的风，阿尔的烈日，阿尔土地的浓重气息，植物的香郁……都混合起来成为他画面中的质感。

《鸢尾花风景》近景部分有蓝紫色纠缠飞腾的线条，中景是绿色为基调跳跃着金黄光点的草地，再向远处推出了一大片纯金黄色的田野，几株大树，树间隙的建筑物，然后是纯净无杂质的蓝色的天。

梵高使自己释放在整个阿尔的自然之中，他听到山风呼啸，他全身被炎阳燃烧，他被花草树木的浓郁香味包围，他的视觉、嗅觉、触觉、听觉，全面释放给大自然。他不是在画画，他似乎是以最原始的方式与天地交媾纠缠，他变成天地的一部分，他要与天地有最激情的爱或恨，他的画使人震动，因为，那不是风景，而是他寂寞心灵最终的救赎的叫喊。

## 夕阳下的播种者 1888

64 × 80.5 厘米，荷兰库拉 · 穆勒梵高美术馆藏。

歌颂农民、歌颂劳动的米勒，一直是梵高心中敬仰的画家，他也不断以米勒作品为主题进行临摹。

## 麦田落日 1888

72.5×92 厘米，瑞士温特图尔艺术博物馆藏。

这是当时风景画的典型，前景三分之二以大笔触和单一色系的褐黄处理翻飞的麦田，却把人为建筑推到很远，天空与大地形成一种单纯力量，人为的建筑似乎只是永恒天地之间短暂的、微不足道的存在。

**鸢尾花风景 1888**

54×65 厘米，荷兰阿姆斯特丹梵高美术馆藏。

近景部分有蓝紫色纠缠飞腾的线条，中景是绿色为基调跳跃着金黄光点的草地，再向远处推出了一大片纯金黄色的田野，几株大树，树间隙的建筑物，然后是纯净无杂质的蓝色的天。

鸢尾花 1889

美国加州保罗盖兹美术馆

## 星空——宇宙的无限华丽

在阿尔短短的一年间，梵高的画展现了一个寂寞心灵巨大的回声。

他白天疯狂般在田野间作画，夜晚回到栖居的小镇，徘徊在石板铺的巷弄。小镇人口不多，仍然亮着灯光的是一间咖啡厅，路边搭了黄色布棚，布棚下几张桌椅，服务生正招呼客人。

梵高似乎远远看着人群聚集的场所，如果是在巴黎，他或许可以比较容易参与进去，可以坐在咖啡厅中与相识或不相识的人谈天。

但是阿尔的《星光夜间咖啡屋》四周都是冷色调的深蓝，浓郁的黑或沉暗的绿，只有咖啡厅布棚下吊着一盏晕黄的灯，释放出温度，好像那里是唯一温暖的地方。

梵高渴望着人的体温，渴望一种关切、亲近，然而，保守的小镇是比巴黎更不容易进入的地方。梵高徘徊着，他在阿尔的画里出现了灯光、星光，那些在寒冷黑暗中可以带来温暖或希望的黄色。

《星光夜间咖啡屋》里的天空在郁蓝的夜色中闪亮着一颗一颗的星光。

星光的画法很夸张，已不是印象派的画法，梵高内在的强烈寂寞使他用更直接的表现主义的画法，这种更贴近自己情绪的直接表现，开启了以后表现主义（Expressionism）的新艺术趋势，梵高是在一八八八年夏天逐渐形成这种画法的。

无论描写《星光夜间咖啡屋》的星光，还是在隆河岸边描述天空的星光与倒映水中的灯光，梵高都用最直率的表现方法书写着内心致死的寂寞。

使人感觉到这个异乡游子在法国南方窒息的苦闷，他没有朋友，邮差胡林带信来给他。胡林好像是他的朋友，胡林的太太也对他友善，但是，这些人不了解梵高的内心世界。他长篇累牍地写信给弟弟，给高更，给贝尔纳，正是借着书信纾解此时寂寞的心事。

他在阿尔的自然里感觉到巨大的生命力，麦田、山峦、星空、向日葵，但是，没有人与他分享，他渴望一种分享的快乐，把自己亢奋的情绪挤压在画布上，变成近于孩子般稚气的笔触，《隆河星光》中的光的画法几乎像儿童画一般稚拙，他不在意技巧形式，他要更直接表现出心事。

同一个时间，大约创作于一八八八年九月的三件作品《星光夜间咖啡屋》《隆河星光》以及画他自己住的《黄色房屋》，都传达出风景里深沉的寂寞心事。

《黄色房屋》是梵高在阿尔主要居住的地方。他大概从一八八八年五月就搬进这幢房屋，高更到阿尔，他们住在一起，一直到一八八八年的十二月底，梵高精神病发，高更离去，一八八九年春，梵高接受精神医疗，住进圣·瑞米的疗养所，才结束了“黄色房屋”时期。

梵高最重要的一系列阿尔的风景，星空、向日葵，都是在这一时期完成。他在“黄色房屋”与高更相处同居，度过最快乐也最焦虑的时间，在这间房屋发病，割了耳朵，被新闻报道。

“黄色房屋”像梵高生命中原罪的归宿，一八八八年九月，在期盼高更到来之前，梵高画下了自己宿命的居所。

他从广场的对面凝视“黄色房屋”，很蓝的天空，远远天桥上有火车驶过，冒着蒸汽，但一切都很远，寂静无声。

梵高凝视自己宿命的房屋，黄色的外墙，两层楼，双拼的连栋房屋，一边是餐厅，楼下垂挂着布棚，梵高租下了另外一边的两个房间，有绿色的遮阳板。

梵高一八八八年五月搬到这里，写信给弟弟和朋友，很细节地描写他的住处，他也憧憬着把这幢“黄色房屋”变成接待画家来阿尔画画的招待所。他梦想着跟朋友分享“黄色房屋”，他力邀高更南下，高更六月回信，答应梵高的邀请，梵高兴奋极了，画了一系列包括《向日葵》在内的精彩作品。高更要拖延到同年十月二十八日才到阿尔，梵高和高更同住了一个多月，一起画画，一起回到“黄色房屋”，甚至一起定了上妓院的时间，但是，关系终于恶化，到十二月底，梵高常手持剃刀跟在高更背后，终至于割耳事件的爆发。

## 星光夜间咖啡屋 1888

81×65.5 厘米，荷兰库拉 · 穆勒梵高美术馆藏。

四周都是冷色调的深蓝，浓郁的黑或沉暗的绿，只有咖啡厅布棚下吊着一盏晕黄的灯，释放出温度，好像那里是唯一温暖的地方。

## 隆河星光 1888

72.5×92 厘米，法国巴黎奥赛美术馆藏。

无论描写《星光夜间咖啡屋》的星光，还是在隆河岸边描述天空的星光与倒映水中的灯光，梵高都用最直率的表现方法书写着内心致死的寂寞。

《黄色房屋》是在一八八八年九月画的，梵高凝视着自己的住所，好像期待着梦想的到来，但又似乎梦想到来也就是梦的破灭时刻。

《黄色房屋》不像是风景，画家其实是在书写自己的心事。

看着这张画，应该可以读得出画家的心事。

也许最能解读梵高此时寂寞心事的是同一时间画的《夜间咖啡》。

梵高画过《星光夜间咖啡屋》，是阿尔小镇中心比较高级的咖啡厅，有户外咖啡座，来的多是中产阶级的绅士淑女，一个优雅的场所。

阿尔镇就在梵高住处楼下有一间车站咖啡，由吉努克斯（Ginoux）夫妇经营。

车站咖啡厅廉价简陋，有弹子台，来的多是过路旅人，或消磨时间的游民、流浪汉。

梵高喜欢在这里逗留，他画了不少吉努克斯夫人的画像，有一点地方风情的妇人，穿着有地方特色的服装，白色绣花的领巾。她坐着看书，或看着店里百无聊赖的芸芸众生，嘴角带一点笑，不知是嘲讽，还是怜悯。

《夜间咖啡》用了比较夸张的透视，画面正中央是弹子台，几颗红、白圆球停在绿色毡毯一角。弹子台被上面的灯光映照，在黄色地板上投射方方正正一块黑影。天花板是深绿色，墙壁是红的，红、绿、黄三种色调使画面有一种强烈的焦虑与紧张。

正面巨大的时钟好像在等待宣判的时刻。

宣判什么？没有人知道，梵高自己也不清楚。

但这张梵高发病前的作品有着如此明显令人不安的征兆。

散置四周的桌椅，一些昏醉的旅人，一些流浪汉，趴在一角睡着了，一个落魄、荒凉、寂寞致死的画面。

梵高的画似乎看到了自己命运中等待宣判的画面，这间咖啡厅，既像医院手术室，又像停尸间，使人毛骨悚然。

梵高打破了学院“静物”“风景”“人物”的画法分类，对他而言，“静物”“风景”“人物”都只是“心事”。

看不到梵高的心事，是不可能读懂他的画的。

一八八八年底视梵高为疯子的人，和一九八七年以十亿台币高价买梵高一张《向日葵》的人，都可能没有读懂他画中寂寞的心事。

《夜间咖啡》是一八八八年下旬梵高最重要的画作，是梵高走向梦想的巅峰，也是梵高走向毁灭的开始。他已经开始用燃烧自己来取暖，用燃烧自己来发亮。

**黄色房屋 1888**

72×91.5 厘米，荷兰阿姆斯特丹梵高美术馆藏。
梵高从广场的对面凝视“黄色房屋”，很蓝的天空，远远天桥上有火车驶过，冒着蒸汽，但一切都很远，寂静无声。

**夜间咖啡 1888**

72.4×92.1 厘米
美国康州耶鲁大学艺术画廊藏。
梵高的画似乎看到了自己命运中等待宣判的画面，这间咖啡厅，既像医院手术室，又像停尸间，使人毛骨悚然。

## 向日葵——燃烧生命的花

一八八八年七月以后，为了迎接高更来到阿尔，梵高画了一系列《向日葵》。

“向日葵”有特别的象征与隐喻吗？

在法国南部，到处可见大片大片的葵花田，在艳阳高照的夏日，这些明黄色的花朵，仿佛反射着灿烂的太阳的光。

向日葵像在阳光中燃烧自己的花朵，冶艳、顽强、热烈、剽悍，使人感觉到旺盛而炽烈的生命力。

梵高寻找着阳光，从郁暗的荷兰到巴黎，又从巴黎一路南下到阳光亮烈的阿尔，梵高自己像追逐阳光的人。

他觉得向日葵是热烈明亮的花，他觉得向日葵是友谊的温暖、慷慨。

当时高更在布列塔尼贫病交迫，梵高呼唤高更前来，他觉得可以照顾这个落魄潦倒的朋友。

梵高《向日葵》系列构图很一致，都是以最直接的方式，下端一个水平桌面，桌上陶罐里插满向日葵，大约都是 93 × 73 厘米的长方比例，很古典的构图，主题在正中央。

梵高大概用了两种不同颜色的背景，一种是孔雀蓝，一种是明黄。

背景的单色系使画面主题凸显，有类似东方留白的效果。

葵花插在陶罐里久了，花瓣很干，像乱草飞张，葵花的中央是一粒一粒的葵花籽，赭褐色密密的小点，梵高用油料不断堆叠，看原作时像是浮雕，有厚而粗犷的质感，画面只是花蒂和茎是绿色的，有时加一点粗黑线条，使花蒂显得更顽强。

这是炽烈强悍的生命，但被截断了，插在陶罐中，好像有一种顽强的对抗，好像生命在最后死亡的时刻依然如此热烈地燃烧。

梵高的《向日葵》像他自己的符咒。

他有时候把自己的名字“Vincent”签在陶罐上，蓝色的签名，在整个黄色的明亮中很显眼。

梵高的形式风格非常自信，陶罐或桌面都是几笔简单的墨线，准确，没有犹疑，在传统西方学院技法中没有人使用过的形式，他大胆而自由地画出他的心中之花。

## 三朵向日葵 1888

73×58 厘米，美国私人收藏。
这样灿烂的花，这样的明亮、热情，用全部生命来燃烧的花，梵高指名是要送给高更的。

## 十二朵向日葵 1888

92×73 厘米，德国慕尼黑新绘画陈列馆藏。

梵高用油料不断堆叠，看原作时像是浮雕，有厚而粗犷的质感，画面只是花蒂和茎是绿色的，有时加一点粗黑线条，使花蒂显得更顽强。

这样灿烂的花，这样的明亮、热情，用全部生命来燃烧的花，梵高指名是要送给高更的。

他希望把这些向日葵挂在高更的房中，他为高更准备了最好的房间，他一再跟朋友描写他如何为高更布置一个优雅的住处，他把自己画的向日葵挂在墙上，等待高更到来。

“向日葵”是梵高最纯粹的热情与爱，那些明度非常高的黄色，事实上是大量的白色里调进一点点黄，像日光太亮，亮到泛白，亮到使人睁不开眼睛。

梵高也许不知道他画的正是他自己的生命，这么热烈，无论是友谊或爱情，都使人害怕。

高更在一八八八年十月二十八日到了阿尔，一下火车，连车站咖啡馆的老板吉尔努克斯先生都认出了他，因为梵高早已拿着高更的画像四处宣传了。

高更走进梵高为他精心准备的房间，看到墙上为他画的《向日葵》，高更是什么感觉？

高更曾经抛弃妻儿以及证券市场的高薪，一意去荒野找寻原始与自由，他面对梵高不可思议的热情，会觉得想逃开吗？

一八八八年十一月，高更曾经为梵高画一张像，画像中梵高正在画《向日葵》。

《向日葵》是濒临崩溃的生命最后高亢的歌声，像王尔德小说里的夜莺，彻夜用心脏抵着玫瑰的刺，刺得越痛，歌声越美，越嘹亮，但没有人知道，它是在用血灌溉一朵黎明时灿烂绽放的花。

梵高的《向日葵》使他炽烈燃烧的生命留下了灿烂的形式。

**向日葵 1887**

50 × 60 厘米，荷兰阿姆斯特丹梵高美术馆藏。

Vincent 87

**向日葵 1887**

43×61 厘米，美国纽约大都会艺术博物馆藏。

花瓶里的五朵向日葵 1888

# 房间与椅子——两个人的记忆

也是为了高更要来阿尔，梵高刻意布置了他的房间。

梵高的创作回到了非常个人的理由，不再是对农民、矿工、穷困流浪汉或妓女的关心，他认真描绘自己生活中的细节，为朋友到来插的向日葵花，为朋友布置的房间，最后缩小到自己坐的椅子和高更坐的椅子。

梵高似乎放弃了最初读神学时为世人做救赎的伟大野心，他回到很个人的救赎。

救赎可不可能是对生活最根本的关心？

梵高显然在渴望一种平凡的幸福，一种爱与被爱的幸福。

他画《房间》的时间是一八八八年十月，正是高更要抵达阿尔之前。

## 房间 1888

72 × 90 厘米，荷兰阿姆斯特丹梵高美术馆藏。

墙壁和门是冷色调的蓝紫，床头挂着几件蓝布外衣，除此之外，床、桌子、椅子都是暖色调的黄褐色，床上的被褥是醒目的鲜红。

## 房间 1889

73 × 92 厘米，美国芝加哥艺术协会艺术馆藏。
床与椅子，都像是一种等待，等待某一个生命里特定的对象，所有的陈设都是成双的。

这张《房间》很小，梵高却采取了特别的透视构图，似乎有点像广角镜拍摄的镜头。

一张褐黄的木床占据主要的空间，两张椅子和一张小桌占据另一边的空间。

床、椅子、桌子，都用粗黑线条勾轮廓，这是西方油画少用的形式，却是东方最擅长的墨线。

端景是一扇窗，推开窗应该可以看到拉马丁广场，梵高稍早曾从广场对面画自己的家，从外面画这扇窗。

桌子上有盥洗用的脸盆、水壶、杯子，墙上挂着一面镜子、一条布巾。

墙壁和门是冷色调的蓝紫，床头挂着几件蓝布外衣，除此之外，床、桌子、椅子都是暖色调的黄褐色，床上的被褥是醒目的鲜红。

梵高此时所有的风景或静物都是他的心事，那么这张《房间》透露着怎样的心事呢？

这张《房间》像是梵高布置的新房，用来庆祝一种新生活的开始，用来准备迎接一个全新的温暖的生活。

他之前画《夜间咖啡》的寂寞不见了，明亮的暖色调占据了画面大部分空间。

这是一个梵高梦想的“家”。

他是为高更的到来而布置这个“家”的，那么，他是以多么强烈的欢欣与兴奋在经营这个家。

《向日葵》《房间》是梵高一八八八年九月至十月的创作，都在期待高更的到来，也是他梦想的巅峰。

有人特别指出，这张“房间”的作品中许多“成双”的布置，两张椅子，墙上两张人像画，连床上的枕头都是“成双”的。

梵高在长久巨大的寂寞中渴望着一种温暖，他也许分不清楚那是友谊的温暖，或是爱情的温暖。但他确实在作品中强烈地表现出很具体的对温暖——家的温暖、人的温暖的渴求。

床与椅子，都像是一种等待，等待某一个生命里特定的对象。

梵高对体温的渴求或许不是世俗容易理解的，他生存的十九世纪末不容易理解，直至今日，二十一世纪初，他的爱的形式仍然是世俗不解之谜。

许多学者不断在论述这张《房间》，各种不同的揣测，仍然没有结论。

显然，《房间》已不只是一个空间，《房间》是梵高渴望打开的心事。

画完《房间》，十月二十八日，高更来了。

他们至少有将近两个月的时间一起生活，一起画画，一起谈论艺术，一起阅读，甚至一起定出去妓院的时间表。

梵高很亢奋，但似乎也异常冷静。

在一八八八年十二月，他画了《高更的椅子》，接着又画了《梵高的椅子》。

两张椅子，一张曾经在《房间》中出现，两张期待梦想的椅子。

**梵高的椅子 1888**

91.8 × 73 厘米，英国伦敦国家画廊藏。

梵高的椅子上丢着他的烟斗，一包烟草丝，背景的木箱里好像被遗忘的洋葱发了芽。

## 高更的椅子 1888

90.5×72.5 厘米，荷兰阿姆斯特丹梵高美术馆藏。
椅子上放着一支点燃的蜡烛，旁边有两本书。

“椅子”不再是空的等待，“椅子”有了专属的主人，椅子上有着主人不同的物件。

“高更的椅子”是有扶手、结构比较讲究的椅子，是梵高特别为高更准备的“家具”之一。

“高更的椅子”上放着一支点燃的蜡烛，旁边两本书。

后面背景的墙壁是诡异的绿色，使人想起之前的《夜间咖啡》。

梵高又掉进窒息的寂寞中吗？

墙壁上有一盏亮着的灯，一圈晕黄的光，这是深夜，高更似乎正在椅子上看书，但是离开了，椅子空着，灯光、烛光兀自燃烧。

我们不知道梵高与高更相处的两个月发生了什么事。

或许什么也没有发生。

他们常常为不同的意见争吵，争吵得越来越频繁。

两个个性强烈而纯粹的创作者，各自坚持执着自己的生命形式，梵高即将走向他纷繁的精神病患的世界，高更将远远逃离文明走向原始的大溪地。

一八八八年十二月，只是他们完成自己的起点。

这两张“椅子”只是他们偶然误解的位置，他们偶尔一坐，又各奔前途，“椅子”像是短暂梦想的记忆。

**房间 1888**

56.5×74 厘米，法国巴黎奥赛美术馆藏。

这张《房间》像是梵高布置的新房，用来庆祝一种新生活的开始，用来准备迎接一个全新的温暖的生活。

《梵高的椅子》，非常单纯，地面上是褐色方砖，一把木椅，在《房间》中出现过，木制框架，芦苇草秆编成坐垫，欧洲民间最粗朴的家具，但是简单、顽强、有力。

椅子上随意弃置着梵高的烟斗，一包纸里的黑褐色烟丝。

这么简单，却与《高更的椅子》不同，地上没有装饰花纹的地毯，椅子也没有曲线扶手和靠背。

《梵高的椅子》像是在对抗什么，牢固不肯妥协，四个脚的木腿像柱桩一样顽强，没有一点退缩与让步。

左上角一个木箱里堆放着洋葱，金黄球茎的洋葱冒出浅绿浅黄的芽。

在巨大的绝望之前，还有生命这样顽强地生长。

许多人在寻找蛛丝马迹，试图串联起梵高与高更的故事。

但是，也许没有故事。

故事在两把椅子之间，两把空着的椅子，两把各有专属主人的椅子，他们坐过，椅子空了，但那就是他们的“位置”，没有人可以取代。

《梵高的椅子》创作于一八八八年十二月，但也有学者认为可能在一八八九年一月。两个时间，一个在发病割耳之前，一个在发病割耳之后。

这张“椅子”，使人思索梵高的焦虑、困顿、挣扎、坐立难安的痛苦时刻，而他如此冷静地细细描绘自己坐过的椅子。

“椅子”其实是他另一形式的自画像吧！

## 自画像——看到自己最深的灵魂

梵高与高更两个月的相处像是一种实验。

依据后来高更的回忆记录，当时他们的钱是放在一个共用的纸盒中，纸盒中的钱，用来买菜，用来买烟草，连解决生理需要时上妓院的钱都包括在内。

十九世纪西方许多艺术家似乎都在实验一种全新的生活。

他们不遵守人类传统固定的伦理，他们追求全新的创造，创造不只是艺术的创新，其实更是全新生活模式的实验。

实验，包含了成功，当然也包含着失败。

梵高与高更在两百年前的“同居”形式可能是今天一般人也难以想象的。

他们的相处并不和谐，生活如此紧密的关系，太多冲突，太多摩擦，太多琐细的现实细节会使两个敏感纤细的心灵发疯，会使两个自我个性强烈的心灵发疯。

高更抱怨梵高把汤煮得难以下咽，梵高抱怨高更性欲太强，去妓院次数太多。

两个人共同生活的梦想在现实中变得荒谬、扭曲、琐碎而难堪。

高更事后描述梵高要发疯了，他常常半夜忽然惊醒，看到梵高向他走来，凝视着他，又无言地走回自己的床上睡倒，好像没有任何事情发生。

高更事后的回忆很具体，他们为一点点小事争吵辩论，互不相让，梵高常常反应激烈过度，高更自然察觉到一些梵高精神上的异常。

高更无法忍受梵高一堆一堆完全没有整理的颜料，梵高作画时，为了捕捉瞬间的光，常常不用笔，直接将一管一管颜料挤在画布上，色彩与色彩挤压堆叠，面对他的原作，感觉到创作的丰沛如狂涛巨浪汹涌而来，而他处理颜料的方式自然与在节制之下用平涂技巧如织布绣花一般的高更非常不一样。

在美学的领域，没有绝对的是与非。高更与梵高是两种截然不同的生命，各自以自己的形式完成自我。他们彼此欣赏但又无法相容，短暂的相处却的确激荡出了创作的火花。

一八八八年十二月二十三日，在数度从噩梦中惊醒后，高更惊觉梵高精神状态的失常，他发现梵高手里拿着剃刀，亦步亦趋跟随在他身后。

高更当天不敢回“黄色房屋”，梵高在一个人极度绝望的夜晚举刀自戕，割下了右耳。

倒在血泊中的梵高被发现，送往医院救治。

十二月三十日阿尔当地的《共和论坛报》发布了一则小小的地方消息：一个原籍荷兰的画家文森特·梵高，举刀割耳。

## 自画像 1889

65×54 厘米，法国巴黎奥赛美术馆藏。
梵高脸上的平静又消失了，仿佛被痛苦激怒的野兽，郁怒地凝视着自己。

**自画像 1887**

44.1×35.1 厘米，法国巴黎奥赛美术馆藏。
梵高在镜子里凝视自己，画下许多自画像。

**戴草帽的自画像 1887**

34×26.7 厘米，美国底特律艺术协会藏。

**持调色盘的画家自画像 1889**

57×43.5 厘米，美国国家画廊藏。

自画像是梵高留给世人的病历表，他的焦虑、他的狂想、他的热情、他的愤怒、他的激情与宁静都在自画像中。

小小的地方消息，却引起了骚动，邻居窃窃私语，惶惶不安。

梵高反而似乎暂时从焦虑中得到了舒缓，一八八九年一月，他的耳伤尚未痊愈，头上裹着纱布，他坐在镜子前面，凝视着自己，好像医生省视着病人，用冷静的态度画下了割耳之后的自画像。

自画像是梵高留给世人的病历表，他的焦虑、他的狂想、他的热情，他的愤怒、他的激情与宁静都在自画像中。

荷兰前代大师伦勃朗从二十岁开始记录自己的容貌，一直到六十三岁逝世，留下完整的一生记录，成为画家自画像中重要的传统。

梵高自然受到伦勃朗的影响，他的自画像却主要集中在一八八八年到一八九〇年这两年之间，自画像成为他精神疾患困扰他的真实剖白。

一般人或许无法像梵高这么真实地面对镜子里的自己，这个人，这么焦虑，这么不安，这么痛苦，这么疯狂，他凝视自己，这个生命，存活的意义是什么？这个肉体，受到什么诅咒，心灵要如此饱受磨难？这样崎岖的五官，这样狂乱的头发，这样紧锁的眉头，这样忧伤的眼神，这样固执而不妥协的嘴角与下颌……

梵高一丝一毫不放过自己，这样严肃地逼视到内心深处。

我们说：梵高疯了。

我们庆幸自己没有疯，但是我们无法看到这么纯粹的自己。

只有疯狂，一个人可以如此诚实逼视自己。

梵高自一八八七年开始比较密集地画自画像，有些只是在草稿纸上随意的素描，但看得出来他在镜子里凝视自己、分析自己的习惯已经形成。

一八八八年九月，他画了一件使人印象强烈的自画像，清冷的石绿色背景，好像巨大而无声的寂静，梵高头发剪得很短，几近于光头，两只在淡色眉毛下炯炯的眼睛，像锐利的鹰，颧骨高耸，两颊凹陷，坚毅的嘴唇四周围绕金黄色的胡子。

这张自画像单纯、干净，当时梵高正在读有关日本的小说，他向往日本风格的空间，简洁空无一物。

这件自画像是为了等待高更到阿尔画的，他把自己作为一件礼物送给高更，他跟高更说，画里的自己，像日本苦修的僧侣，把身体献给永恒之佛。

梵高对东方佛学了解不多，但是他有足够基督殉道与救赎的背景使他通往另一个信仰。

这张自画像如火焰燃烧，细看背景里都是向上飞腾的笔触，但是这张自画像又极度宁静，好像高热的火焰到了极点，反而像是静止清冷的光。

可以在镜子里这样绝对逼视自己的人不多，梵高在狂热与绝望紧绷的精神状态，的确如苦修殉道的生命。

比较起来，一八八九年一月精神病发，割耳朵之后的自画像，反而有一种释放之后的轻松幽默。

梵高割耳事件发生在一八八八年十二月二十三日深夜，当地报纸的报道是说在“十一点半”。第二天早上他才被发现倒在床上，浑身是血。

高更打电报叫来了梵高的弟弟，安排好医生，两人匆匆又回到了巴黎。

割掉耳朵之后，梵高似乎显得轻松多了，原来精神上的焦虑紧张暂时消失了。

他还写信安慰家人，认为只是画家一时情绪失常。

一八八九年一月，头上还裹着纱布，梵高在镜子里看着自己刻意露出受伤的耳朵，白色的纱布一直包到下颌。同样的自画像梵高画了两张，一张没有烟斗，背景有日本浮世绘风景。

梵高头上戴着翻毛毡帽，嘴里叼着烟斗，一丝丝的白烟袅袅上升。

穿着绿色军大衣的梵高，用鲜明的绿对比背景的红。

他的眼神依然锐利，好像在逼问自己：你，还要怎么玩下去？

割耳朵或许只是肉体上小小的痛，暂时转移了他精神上饱受折磨的剧烈痛苦。

叼着烟斗的动作显然有一点戏谑，也透露出梵高少有的幽默的一面。

他也许试图嘲弄调侃自己，他扮演了一个似乎旁观者的角色，看着疯狂的自己，卑微难堪的自己，可笑的自己。

他要如何度过这难堪可笑的时刻呢？

地方报纸刊登了他割耳朵的事件，邻居们窃窃私语，交头接耳，渲染着事件的恐怖性。

二月间，邻居们终于达成协议，联名签署了一份文件，递交给警方，要求为了社区安全的理由，强迫梵高进精神病院接受治疗。“黄色房屋”被贴上了封条。

梵高的病情时好时坏，几位治疗他的医生也对病况无法完全掌握，当时的精神医疗所能理解的范围也非常有限，民间对“疯子”的恐惧也没有科学知识的管道可以纾解。

唯一治疗梵高的可能是绘画，特别是他一系列的自画像。

他不断在镜子里观察自己，比任何医生更仔细。他毫不饶过自己，不放过任何细节，留下了令人惊讶的丰富、完整、真实的病历。

**割耳自画像 1889**

51×45 厘米，美国芝加哥私人收藏。

**献给高更的自画像 1888**

59.5×48.3 厘米，美国哈佛大学福格美术馆藏。

梵高发病以后，平日为他送信的邮差胡林成为照顾他的好朋友。

这个邮差和他的妻子也许不了解梵高，但不觉得“疯子”有什么不同，他们关心梵高，照顾梵高，在梵高笔下，胡林和他的太太有一种平常人的和善与包容。

胡林戴着邮差的帽子，穿着铜扣蓝大衣，一脸大胡子，他的面容有一种平凡的慈祥。也许在精神焦虑痛苦中的梵高心中，胡林和他太太这样简单无私的善良成为真正的救赎力量，他在胡林的画像后面装饰了很多美丽的花朵图案，胡林看起来像一个慈祥的圣诞老人。

梵高在《割耳自画像》中表现出来的平静稳定并没有维持太久，整个一八八九年的春天，他都在断断续续的发病中，他也曾经试图撕掉封条，回到“黄色房屋”，但是整个社区的压力逼使他不得不住进精神病院接受治疗。

一八八九年五月，梵高住进离阿尔不远的圣·瑞米一家叫圣保禄的精神疗养院。在治疗期间，他仍然持续画自画像。一八八九年九月的一张“蓝色自画像”非常动人，梵高脸上的平静又消失了，仿佛被痛苦激怒的野兽，郁怒地凝视着自己。

这张自画像里瘦削的面容像是用刀雕刻出来的，瘦削的面颊爬满了胡子，额头很高，深深凹陷的眼睛，流露极度忧苦的心事，眉头纠结着，整张作品，以升腾缠绕如火焰般的卷曲笔触画出背景，我们清楚看到似乎在地狱般的火焰中承受煎熬的灵魂的剧痛。

在圣·瑞米精神疗养院时期，梵高在小小的囚禁的病房里看着自己，或透过一扇小小的窗户，眺望从黎明到深夜的风景，他在生命的最后一年使生命煎熬出最惊人的精华。

## 邮差胡林 1889

65×54 厘米，荷兰库拉·穆勒梵高美术馆藏。
胡林戴着邮差的帽子，穿着铜扣蓝大衣，一脸大胡子，他的面容有一种平凡的慈祥，也许在精神焦虑痛苦中的梵高心中，胡林和他太太这样简单无私的善良成为真正的救赎力量。画像后面装饰了很多美丽的花朵图案，胡林看起来像一个慈祥的圣诞老人。

## 胡林夫人 1889

92.7×72.7 厘米，美国麻省波士顿美术馆藏。

梵高发病以后，平日为他送信的邮差胡林成为照顾他的好朋友。他和他的妻子也许不了解梵高，但他们关心梵高，照顾梵高，在梵高笔下，胡林和他的太太有一种平常人的和善与包容。

## 圣·瑞米病房的窗口——他看到了奇迹

梵高的精神疾病成为二十世纪以后重要的个案，也许揭开了整个科学界对精神疾病不同的思考角度。

从传统的世俗角度来看，梵高是“疯子”，在没有科学理解的基础下，“疯子”可能被隔离，被囚禁，或如同中世纪时代残酷加以魔鬼附身的罪名，施以各种可怕的刑罚。梵高也面对着同样的命运，他的精神焦虑没有人能了解。

他的画家朋友如西涅克试图帮助他，鼓励他创作，但是他一旦发病，可以喝下整罐松节油，朋友也束手无策。

医学界后来分析，认为他割耳朵的行为产生了发病时严重的幻听，听觉上不断有干扰，使人焦虑，失眠，无法安静下来。

人类至今其实对精神疾病的领域所知有限。

也许梵高明白地表现出一名精神病患在发病时惊人旺盛的创作力。

我们无法解答一个矛盾：梵高是精神病患，但是他发病时期的作品可以感动每一个人。我去过圣·瑞米，在这个囚禁梵高的病房前站了很久。

想象当时他被强迫治疗的焦躁愤怒，他在不发病时可能比任何人更和平、善良，更安静，也更能思考，他这一时期书写的多封家信仍然美丽如赞美诗。

极度毁灭的疯狂与极度宁静的省思，似乎同时并存在梵高身上。

在圣·瑞米的圣保禄病院，有一段时间他足不出户。他关着门，陪伴他的是素描本，是一些前代大师的复制版画。

他不愿意出去见人，也不能在户外写生，他就临摹这些复制画，他一张一张临摹米勒的《午睡农民》。那些烈日下劳动之后疲倦地依靠着午睡的农民，米勒用写实的画法，梵高却以奔放粗犷的笔触使画面像熊熊烈火燃烧。他即使在“临摹”也保有绝对强烈而纯粹的自我风格。

他也临摹了伦勃朗以圣经为主题的《拉撒路复活》。一个西方宗教传统题材，梵高却使整件作品中充满了奇迹式的光。耶稣经过丧者拉撒路的家，他显了奇迹，他要拉撒路复活，死者便站了起来。

梵高在精神巨大的痛苦中似乎依靠纯粹的信仰看见了“奇迹”，那“奇迹”就在他病房窗口，每一个灿烂的黎明，每一个山风吹拂过麦田的清晨，每一束麦穗，每一条起伏的山峦，每一丝变幻的白云，每一颗夜晚的星辰……都是“奇迹”。

因为生命只剩下一个小小的窗口，唯一的窗口，他因此看到了奇迹。

我们看不见奇迹，是不是因为窗口太多？

**圣・瑞米医院的庭园 1889**

73×92 厘米，瑞士温特图尔市奥斯卡雷恩哈特收藏馆藏。
梵高画自己被囚禁的精神病院。

我们看不见奇迹，是不是因为不能寂寞地守住一个窗口？

那个病房的窗口，像一幅一幅画的画框，是梵高一八八九年五月后唯一与世界沟通的窗口。他很专注地凝视着，窗口的框，框住一片风景，丘陵从低矮向右侧高耸起来，有时候在朝日初升的麦田里，一片金黄，农民正独自走过，开始一天的劳动。

下午的时候，天空聚集着浓厚的白云，云团一块一块纠结，好像连绵不断的纠缠，紧紧贴着山峦起伏的棱线，右侧有一株丝柏，像一座高塔，尖尖地指向天空，丝柏深绿色，有暗蓝的细线像火焰般燃烧，又是熊熊的火，烧向天空。前景的麦浪一波一波翻飞，在褐色中堆挤着金黄，浅黄的麦穗，可以看到风在麦田中行走的形状。

梵高一直坐在窗前，看着窗口外一幕一幕的奇迹。

原来，静下来，每一个景象，每一个片刻，都是奇迹。

通常，在世俗人的眼中，看见了“奇迹”，便是疯子。

或许，梵高正是因为疯狂，才看见了奇迹。我们与疯子不同，是因为在现实里学会了妥协。

我们说出来的话可能只有百分之二的真实，我们的行为也只有百分之二的诚实。

梵高太纯粹了，他要一种百分之百的绝对，世俗中的人受不了他的绝对，因为绝对的纯粹有“危险性”。

梵高囚禁在病房中，窗口是他唯一的救赎，他看到了奇迹，看到了世人看不到的最纯粹的风景。

那些被病苦折磨的失眠的夜晚，他孤独坐在窗边，看到逐渐暗下去的天空中亮起一颗一颗的星，如同忠实的守夜人点燃一盏一盏的灯。

星辰这么亮，这么大，从来没有人看过这样华丽而灿烂的星空。

还有一弯新月，在窗口的右上方，黄黄的一弯新月，一圈大大的淡黄色的月晕，都像“奇迹”一样。

这是一个神话的星空！

我们看过多少夜晚，怎么从来没有看到这样灿烂、庄严、宁静、华丽的星空。

多少人在这张画前热泪盈眶！

但是这是梵高在最孤独、最受精神疾病折磨的时刻看到的风景。

他像是在星空前喁喁独白，每一颗星辰都到他的窗口前，听他倾吐心事。

“疯子”为什么会有如此宁静圣洁的心事？

连白云都舒卷自如，旋转徘徊，仿佛和星辰恋爱，仿佛和山丘恋爱，仿佛要把最深情的爱与祝福带到这小小的窗口前，让一个饱受折磨的灵魂有安慰与温暖的一刻。

山峦脚下一个小小村落，宁静睡在星光的祝福下，有一所教堂，尖尖的塔尖指向天空。许多研究者发现，从梵高病房的窗口看出去，并没有这所教堂与尖塔。

所以，这星空下的风景并不写实，或者，只是一个疲倦辛苦的漂泊心灵片刻闪现的故乡荷兰的风景。

一株孤独的丝柏矗立着，丝柏像画家最后的符号，孤独而庄严地站立在天地之间，像一种坚持，又像一种绝望。

梵高真的看见了“奇迹”！

梵高的《星空》像弥撒亚来到人间的大合唱，他要世人相信“奇迹”存在，在漫长艰难辛苦的路走完之后，在窗口坐下来，“奇迹”竟然就在面前。

## 午睡农民 1890

73×91 厘米，法国巴黎奥赛美术馆藏。
那些烈日下劳动之后疲倦地依靠着午睡的农民，米勒用写实的画法，梵高却以奔放粗犷的笔触使画面像熊熊烈火燃烧。

## 拉撒路复活 1890

50×65 厘米，荷兰阿姆斯特丹梵高美术馆藏。
梵高也临摹了伦勃朗以圣经为主题的《拉撒路复活》，一个西方宗教传统题材，梵高却使整件作品中充满了奇迹式的光。

丰收的麦田 1888

73 × 92 厘米
荷兰阿姆斯特丹梵高美术馆藏

**麦田里的丝柏树 1889**

72.1×90.9 厘米
英国伦敦国家画廊藏。
梵高在精神病院，透过小小的窗口看见了天地的辽阔，看到了山脉起伏，白云流转，看到了生命的顽强。

**太阳下收割的麦田 1889**

72×92 厘米，荷兰库拉·穆勒梵高美术馆藏。
油彩堆叠浓厚，如同浮雕，梵高后期的作品，
笔触塑造甚至比色彩更重要，不看原作很难感受。

**墙外晨光照田野 1889**

71×94.5 厘米，私人收藏。
梵高精神疗养时期的作品色彩非常强烈，反映着他内在焦虑、狂喜、沮丧之间巨大的落差，也开启了二十世纪的表现主义画风。

**普罗旺斯收获时节 1888**

50×60 厘米，以色列耶路撒冷博物馆。

圣·瑞米医院的花园 1889

德国埃森福克旺博物馆藏。

圣·瑞米医院后的群山 1889

# 一八九〇，最后的奥维，麦田飞起了群鸦

梵高在圣·瑞米的精神疗养院待了一年，从一八八九年五月到一八九〇年五月。这一年他创作量最丰富，创作的旺盛生命力如同火山爆发，滔滔不绝喷射而出。

那旺盛的创作力像是疯狂迷乱，但又异常宁静。

他的绘画好像长期在摸索实验，却忽然因为精神疾患的爆发，使所有的创作实验一刹那变得极为纯粹。他不再思考技巧、形式、画派这些琐琐碎碎的问题，他面对着自然，面对一张空白画布，他还原成一个绝对的个人，好像一个天真的赤子，一个儿童，没有任何成见，画下他最单纯而直接的生命经验。

疯狂像一种高热的火焰，烧化了他生命中的一切杂质，像淬炼成精纯的钢，他的创作明亮、华丽、庄严，媲美历史上最伟大的宗教绘画。

梵高的创作留下了令世人惊叹的生命现象，也使二十世纪的精神医学不断以他的

个案作为探讨的对象。

“疯狂”，也许是一般正常人难以企及的一种精神状态。

高热的燃烧，使生命淬炼出绝对的纯度，正常人是做不到的。

梵高以创作把生命带到华美的巅峰，但也是精神崩溃的边缘。

他最后一年的创作，仿佛用全部的生命在拥抱大地、麦田、阳光、草野、天上的云、风、鸟声或星空。

他的绘画里不只是视觉，他带领观者的眼睛去触摸坚实的山峦、岩石与泥土；他带领观者的眼睛去嗅闻空气中杉木与柏树的气味，嗅闻麦穗成熟以后的芳香，他带领观者去感觉阳光在草野上的温度，云在天空流转与风的声音，最远最远的天际一颗星的声音。

很不可思议，这些，都是在精神崩溃的边缘感觉到的世界，这么细致，这么宁静，这么纯粹。

是不是因为缺乏了“疯狂”的部分，许多人看不到。

梵高看到了，看到了无所不在的“美”的奇迹，但是，他知道，看到美的奇迹，要用死亡做代价，要用自己全部的生命来交换。

一八九〇年春天，在精神病困扰最严重的时刻，梵高还是感觉到初春的华丽，他嗅到了空气中初春的湿润。远处高山上的积雪在融化，空气中流荡一丝丝从南方回来的温暖的风，阳光驱赶走了漫长冬天的寒冷，灰暗的天空露出明亮的天青色，像透明的宝石的光。

梵高感觉到了初春，春天使所有生命喜悦与复活的力量。

他看到杏树枝头满满的花蕾在绽放，衬着宝石蓝的天每一朵花都像是神的祝福。

这幅以蓝色天青为背景的《杏花》，像一幅最好的宋代宫廷画院的花卉，如此繁盛华丽，又如此宁静工整。

很难想象“疯子”的世界可以这样广阔、庄严、静定。

这件作品完全不像欧洲油画，它只是用西方材料处理的一件东方作品。树枝的墨线勾勒，花朵的留白，背景的单一纯粹，梵高好像借着最后的创作到达了他梦想的东方，宁静的东方，纯粹的东方，使他的生命可以淬炼升华的东方。

有一种东方的魂魄依附在这个饱受精神苦难的肉体之中，使他在极度孤独中能够与最遥远的声音对话，与满山的杏花对话，与满天的星辰对话。

或许他并不孤独。

孤独的也许是努力想治好他的病的医生吧！

梵高在精神病的治疗过程中一直对他的医生很感兴趣。

医生寻找着病的征兆，看着病人；而梵高，或许是精神上的医生，他看着医生，试图在医生身上看到人性的另一种病的征兆。

一八九〇年五月，梵高到了巴黎，不多久，就转往巴黎北边的奥维（Auvers sur Oise）小镇。

画家毕沙罗介绍了一名与画家常来往的嘉舍医生（Gachet）。

### 杏花 1890

73.5×92 厘米，荷兰阿姆斯特丹梵高美术馆藏。

这幅以蓝色天青为背景的《杏花》，像一幅最好的宋代宫廷书院的花卉，如此繁盛华丽，又如此宁静工整。

嘉舍医生不只跟画家亲近，自己也画画，或许毕沙罗和弟弟提奥都觉得对了解梵高的病情是比较好的选择。

但是，从梵高画的《嘉舍医生》来看，梵高笔下的医生倒很像一名“病人”。

是不是在精神病患的眼中，治疗他们的医生都像“病人”？

梵高画了几张《嘉舍医生》，有的是简单的素描，显然，嘉舍医生在询问病情的时候，梵高就在画他，很仔细地观察，他的观察也像另一种医学检验。

《嘉舍医生》一手支着下颌，若有所思，有点疲倦，又有点无奈，看着他无能为力的病人，好像迷失在人类巨大而茫昧的精神领域，他找不到任何可以合理解释的科学。

嘉舍医生的桌子上铺了红色花纹桌布，桌子上放了几本书，嘉舍医生的手边有一株植物，有人认为可能是当时用来安定病人病情的草药。

梵高仿佛很怜悯地看着这个在人类的精神领域里沮丧的医生，梵高或许有比嘉舍医生更顽强的与病对抗和相处的经验。

然而，他无法告诉嘉舍医生。

他的话语只能说给天上的星辰听，只能说给大地上的麦浪、向日葵，或舒卷自如的云朵听。常人是听不见的，听见了也只认为是怪诞的呓语。

如果梵高的美学是绝对自我的完成，如果嘉舍医生的“科学”是消除绝对自我，使梵高回归为一个世俗中的“正常人”，那么，保有“绝对自我”的“美学”，是否宿命地必然和正常人的“科学”冲突？

梵高如果被治疗好了，也就意味着他丧失了“绝对自我”，那么，梵高不可能再

**嘉舍医生 1890**

67 × 56 厘米，私人收藏。
梵高对为他治疗的医生很感兴趣，作为绘画对象，并试图在医生身上看到人性的另一种病的征兆。

创作，梵高的“美学”也必然死亡。

我们矛盾着，不知道要保存哪一部分，像平庸的正常人一般活着，或是保有“绝对自我”，顽强坚持地孤独完成自己的生命。

我们不知道，梵高的课题还在我们身上挣扎，梵高的嘉舍医生也永远无奈地看着病人，他“理知”的范围还太狭窄，无法探测精神领域的辽阔浩瀚。

梵高走在奥维的小镇，与医生说了什么，或医生说了什么，他并不在意。他似乎只是来这宿命的小镇赴约，他来这里完成死亡的约会。

他画了奥维的教堂，在郁蓝深沉的天空下的小教堂，好像所有的结构都要拆解开来了，建筑的梁、柱、拱，都在扭曲、濒临瓦解。

但是是一座仍然坚固的信仰的殿堂。

好像我们自己，看起来这么完整稳定，但是，身体内部，每一个部分都在骚动，我们是在每一分每一秒的崩解的边缘维持着看起来的“平衡”。

梵高在奥维停留的时间只有两个月，他孤独地走在小镇上，走到田野中。

大片大片的麦田，七月的麦田已经结穗，泥土和阳光的干热的强烈气息弥漫在空气中。

麦田的翻飞变成一块一块褐黄色相互挤压的笔触，好像没有出路的力量，在画面冲突着。

梵高在奥维小镇短短两个月，笔触的浓烈厚重越发明显。

他疯狂地把颜料挥霍到画布上，来不及调和，也来不及涂抹，颜料厚实地排列在

**奥维教堂 1889**

94×74 厘米，法国巴黎奥赛美术馆藏。

画布上，绿色的草、树，白色的云，蓝色的天空，黄色的麦田，一切都还原到最简单的形式。

他要唱生命的挽歌了，没有繁复的旋律，还原到只是首儿歌。

《麦田群鸦》是他最后的作品之一，五十公分乘一百公分的横形空间，麦田展开，像是长卷，一笔一笔的麦浪堆叠，褐色、黄色，像是大海的波浪，一波推向一波，一波挤向一波，力量向中央推起，蜿蜒在麦田的小路，深褐的泥土，两边有绿色的草，但一切都简化到只是笔触。

天空中有云团在翻卷，天空的蓝色，笼罩着一大片乌黑的云。

看得到他笔触用力时，笔杆的刮痕。

他画得很快，好像没有时间了，夏天午后顷刻的乌云密布，顷刻的雷声，顷刻的暴雨都蓄势待发。

他站在麦田里，麦田里许多觅食的乌鸦，被枪声惊飞，一片一片，飞成天空的乌云。

梵高的身上带着一把枪，当地农民用来驱赶乌鸦的枪。

一八九〇年七月二十七日，梵高用这把杀伤力不强的枪射杀自己，子弹穿进胸膛，但并不致命，他捂着胸口，从麦田跑回家，爬上三楼的房间，拖延了两天，二十八日，弟弟提奥从巴黎赶来，二十九日凌晨，梵高逝世。

当地的《回声报》用不到五行的短讯报道了一个荷兰画家的自杀身亡。

**有丝柏和星星的小路 1890**

92×73 厘米

荷兰库拉·穆勒梵高美术馆藏。

梵高在奥维只停留了两个月，他孤独地走在小镇上，走到田野中。七月的麦田已经结穗，泥土和阳光的干热的强烈气息弥漫在空气中。

奥维的风光 1890

西班牙马德里提森 · 波涅米萨博物馆

日出时的麦田 1890

**奥威的麦田 1890**

西班牙马德里西森·伯尼米莎基金会藏。

# 附录 | 重要作品列表

1882
**哭泣的老人**

荷兰库拉 · 穆勒
梵高美术馆
P.014

1890
**在永恒的门口**

荷兰库拉 · 穆勒
梵高美术馆
P.016

1885
**吃马铃薯的人**

荷兰阿姆斯特丹
梵高美术馆
P.020 / P.021

1887
**唐基老爹**

法国巴黎
罗丹博物馆
P.024

1888
**花瓶里十四朵向日葵**

英国伦敦
国家画廊
P.028

1889
**十四朵向日葵**

日本东京安田火灾东乡
青儿美术馆
P.029

1888
**献给高更的自画像**

美国哈佛大学
福格美术馆
P.032

1888
**画架前的自画像**

荷兰阿姆斯特丹
梵高美术馆
P.033

1887
**自画像**

荷兰阿姆斯特丹
梵高美术馆
P.034

1887
**戴灰毡帽的自画像**

荷兰阿姆斯特丹
梵高美术馆
P.034

1887

**自画像**

荷兰阿姆斯特丹
梵高美术馆
P.034

1888

**戴草帽的自画像**

荷兰阿姆斯特丹
梵高美术馆
P.034

1889

**自画像**

荷兰阿姆斯特丹
梵高美术馆
P.035

1887

**戴草帽的自画像**

荷兰阿姆斯特丹
梵高美术馆
P.035

1889

**割耳自画像**

英国伦敦
国家画廊
P.038

1889

**割耳自画像**

美国芝加哥
私人收藏
P.039

1889

**星空**

美国纽约
现代美术馆
P.042 / P.043

1890

**奥维教堂**

法国巴黎
奥赛美术馆
P.046 / P.047

1890

**麦田群鸦**

荷兰阿姆斯特丹
梵高美术馆
P.050 / P.051

1890

**阴云下的麦田**

荷兰阿姆斯特丹
梵高美术馆
P.058 / P.059

1888
**海滩上的渔船**

荷兰阿姆斯特丹
梵高美术馆
P.065

1887
**自画像**

美国芝加哥
艺术协会艺术馆
P.074

1887
**自画像**

荷兰库拉・穆勒
梵高美术馆藏
P.075

1889
**阿尔开花的果园**

荷兰阿姆斯特丹
梵高美术馆
P.180 / P.181

1890
**弹钢琴的加塞小姐**

瑞士巴塞尔
艺术博物馆
P.097

1884
**Nuenen 的小礼拜堂集会**

荷兰阿姆斯特丹
梵高美术馆
P.105

1885
**圣经**

荷兰阿姆斯特丹
梵高美术馆
P.107

1882
**饭前祈祷**

私人收藏
P.116

1885
**绿头巾农妇**

荷兰库拉・穆勒
梵高美术馆
P.117

1883
**泥煤田中的两个农妇**

荷兰阿姆斯特丹
梵高美术馆
P.124 / P.125

1885
**拾穗的农妇**

德国埃森
福克旺博物馆
P.129

1882
**忧愁（Sorrow）**

英国沃尔李
艺术画廊
P.127

1882
**背重者**

荷兰库拉 · 穆勒
梵高美术馆
P.132 / P.133

1884
**织布工**

德国慕尼黑
现代绘画陈列馆
P.134 / P.135

1886
**戴毡帽的自画像**

荷兰库拉 · 穆勒
梵高美术馆
P.137

1886
**巴黎的煎饼磨坊**

荷兰阿姆斯特丹
梵高美术馆
P.143

1886
**蒙马特的风车**

荷兰阿姆斯特丹
梵高美术馆
P.145

1887
**蒙马特菜田**

荷兰阿姆斯特丹
现代艺术博物馆
P.154 / P.155

1887
**从蒙马特克里希看阿尔涅工厂**

美国圣路易斯
艺术博物馆
P.156 / P.157

1887
**林下**

荷兰阿姆斯特丹
梵高美术馆
P.158

1888
**鸢尾花风景**
荷兰阿姆斯特丹
梵高美术馆
P.194 / P.195

1888
**靠岸的沙船**
德国埃森
福克旺博物馆
P.069 / P.070

1888
**星光夜间咖啡屋**
荷兰库拉 · 穆勒
梵高美术馆
P.201

1888
**隆河星光**
法国巴黎
奥赛美术馆
P.202 / P.203

1888
**黄色房屋**
荷兰阿姆斯特丹
梵高美术馆
P.206 / P.207

1888
**夜间咖啡**
美国康州
耶鲁大学艺术画廊
P.208 / P.209

1888
**三朵向日葵**
美国
私人收藏
P.212

1887
**向日葵**
荷兰阿姆斯特丹
梵高美术馆
P.215

1887
**向日葵**
美国纽约
大都会艺术博物馆
P.216 / P.217

1888
**圣玛丽的海景**
荷兰阿姆斯特丹
梵高美术馆
P.066 / P.067

1888
**房间**

荷兰阿姆斯特丹
梵高美术馆
P.220

1889
**房间**

美国芝加哥
艺术协会艺术馆
P.221

1888
**梵高的椅子**

英国伦敦
国家画廊
P.224

1888
**高更的椅子**

荷兰阿姆斯特丹
梵高美术馆
P.225

1889
**自画像**

法国巴黎
奥赛美术馆
P.231

1887
**戴草帽的自画像**

美国底特律
艺术协会
P.232

1889
**持调色盘的画家自画像**

美国
国家画廊
P.233

1887
**自画像**

法国巴黎
奥赛美术馆
P.232

1889
**胡林夫人**

美国麻省
波士顿美术馆
P.241

1889
**邮差胡林**

荷兰库拉 · 穆勒
梵高美术馆
P.240

1889
**圣·瑞米医院的庭园**
瑞士温特图尔市
奥斯卡雷恩哈特收藏馆
P.244 / P.245

1889
**墙外晨光照田野**
私人收藏
P.256 / P.257

1890
**午睡农民**
法国巴黎
奥赛美术馆
P.248

1890
**杏花**
荷兰阿姆斯特丹
梵高美术馆
P.265

1890
**拉撒路复活**
荷兰阿姆斯特丹
梵高美术馆
P.249

1890
**嘉舍医生**
私人收藏
P.267

1889
**麦田里的丝柏树**
英国伦敦
国家画廊
P.252 / P.253

1890
**有丝柏和星星的小路**
荷兰库拉·穆勒
梵高美术馆
P.271

1889
**太阳下收割的麦田**
荷兰库拉·穆勒
梵高美术馆
P.254 / P.255

1890
**奥威的麦田**
西班牙马德里
西森·伯尼米莎基金会
P.276 / P.277

**图书在版编目（CIP）数据**

蒋勋谈梵高：燃烧的灵魂 / 蒋勋著. -- 北京：北京联合出版公司, 2018.4（2019.9重印）
ISBN 978-7-5596-1491-9

Ⅰ. 蒋… Ⅱ. ①蒋… Ⅲ. ①凡高(Van Gogh, Vincent 1853-1890) - 人物研究 Ⅳ. ①K835.635.72

中国版本图书馆CIP数据核字（2017）第329302号

著作权合同登记号：01-2014-7818
本书由作者授权出版

**蒋勋谈梵高：燃烧的灵魂**
**作　　者**：蒋　勋
**总 发 行**：北京时代华语国际传媒股份有限公司
**责任编辑**：谢晗曦　夏应鹏
**封面设计**：所以设计馆
**版式设计**：棱角视觉
**责任校对**：许　罡

北京联合出版公司出版
（北京市西城区德外大街83号楼9层 100088）
北京盛通印刷股份有限公司印刷　　新华书店经销
字数200千字　710毫米×960毫米　1/16　19印张
2018年4月第1版　2019年9月第3次印刷
ISBN：978-7-5596-1491-9
定价：99.80元

VINCENT